U0503256

OUT TO THE WORLD

Treasures from the Wan Reef I Shipwreck

器成走天下

『碗礁一号』沉船出水文物大展图录

中国航海博物馆　福州市博物馆　编著

文物出版社

图书在版编目（CIP）数据

器成走天下 ：“碗礁一号”沉船出水文物大展图录 / 中国航海博物馆，福州市博物馆编著. -- 北京 ：文物出版社，2019.8
ISBN 978-7-5010-6216-4

Ⅰ. ①器… Ⅱ. ①中… ②福… Ⅲ. ①沉船－文物－中国－清代－图录 Ⅳ. ①K871.492

中国版本图书馆CIP数据核字(2019)第154874号

器成走天下 “碗礁一号”沉船出水文物大展图录

作　　者：中国航海博物馆
　　　　　福州市博物馆

责任编辑：谷　雨　李　飏
摄　　影：宋　朝　张　冰
责任印制：梁秋卉
责任校对：陈　婧

出版发行：文物出版社
社　　址：北京市东直门内北小街2号楼
网　　址：http：//www.wenwu.com
邮　　箱：web@wenwu.com
经　　销：新华书店
制版印刷：天津图文方嘉印刷有限公司
开　　本：889mm×1194mm　1/16
印　　张：21
版　　次：2019年8月第1版
印　　次：2019年8月第1次印刷
书　　号：ISBN 978-7-5010-6216-4
定　　价：380.00元

编辑委员会

主　　编

张东苏　张振玉

副主编

陆　伟　林　江

执行主编

周群华　毛　敏

编　　委（以姓氏笔画为序）

计宛依　王秀琳　李学茂　杜旭初　周丽婷
林　玫　荣　亮　宾　娟　谢在华　戴小巧

撰　　稿

李学茂　毛　敏　荣　亮　宾　娟

序

[一]

波澜壮阔、烟波浩渺的海洋，是我国古代人民进行物质生产与文化交流的重要场所。“海上丝绸之路”是我国古代劳动人民长期于海上驰骋的重要通道，是进行对外经济贸易、文化交流的桥梁，承载了丰富的海洋文化。

从古至今，海洋既养育了一代代中国古代人民，也无情地吞噬了众多从事中外贸易的船只。“碗礁一号”沉船就是那众多船只之一，它被永远地定格在了300多年前的“康乾盛世”，但无情的海流无法洗刷掉它耀眼的光芒。它的出水，正向世人展示出当年那一艘艘桅杆高立的船只，在古代“海上丝绸之路”航线上远航的宏伟辉煌场景。

上海与福建均是向海而兴的对外贸易地区，是我国“海上丝绸之路”的重要交通枢纽。清康熙年间在两地成立的江海关与闽海关，极大地促进了瓷器、茶叶、丝绸等商品的海外贸易发展。这些外销商品是东西文明互鉴与融合的纽带，为人类文明的进步与发展做出了突出的贡献。

中国航海博物馆作为我国规模最大、等级最高的综合性航海专题博物馆，一直以“弘扬航海文化、传播华夏文明”为宗旨。此次与福州市博物馆共同推出的“器成走天下　‘碗礁一号’沉船出水文物大展”，力图以小见大讲述中国古代“海上丝绸之路”上的故事，形象生动地再现当年商贸繁荣的“海上丝绸之路”的宏伟场景，展现并弘扬我国先民不畏艰难、劈波斩浪、远赴重洋的航海精神。

为记录此次展览的收获，我们携手共同编撰《器成走天下　“碗礁一号”沉船出水文物大展图录》。希望它的出版能够为学者的再研究提供丰富资料，能够让更多人更为具体地了解灿烂多彩的文明交流互鉴，更为深入地感悟海洋文明、领悟航海精神，为“一带一路”倡议的文化建设贡献绵薄之力。

中国航海博物馆党委书记、副馆长　张东苏

2019年5月

序

[二]

“海上丝绸之路”是以广袤无垠的大海为依托的交通渠道，是中国与域外国家、地区贸易交通及文化交流的重要桥梁，是海洋文化的重要组成部分。

浩瀚的大洋在为中外文化交流提供便利的水运通道之时，也常无情地吞噬着过往的船只，将它们拥入自己深广的怀抱中，同时温情地守护着怀中的“宝贝”。

清康熙年间，一艘满载江西景德镇民窑精美瓷器的货船，航行至传统海上丝绸之路航线上的重要节点——福建平潭水域五洲群礁附近的碗礁时，触礁沉没了。2005 年，这艘被大海深藏了 300 多年的沉船被发现，沉船所搭载的 1.7 万余件精美瓷器被考古工作者打捞出水，重新走进了人们的视野。这批精美瓷器以青花瓷为主，兼有少量的青花釉里红、青花色釉、仿哥釉瓷和五彩器等，制作规整，器形多样，纹饰丰富，题材广泛。“碗礁一号”沉船的发现，再一次印证了“世界之瓷，以吾华为最；吾华之瓷，以康雍为最”的世语。它是中国与海外文化交流、互动的缩影，是“海上丝绸之路”的实物见证。

今天，虽然力斩风浪的时代已经随着历史前进的车轮滚滚远去，但是人类开拓海洋的文明仍将继续发展。当我们洗去沉积在这些瓷器上的历史泥沙，黏结起破碎的时代裂痕，通过欣赏这些美丽浪花下的历史遗珍，我们能一睹清康熙时期景德镇制瓷业的风采，一窥当时的社会经济、文化，感知那段拥抱大海、扬帆远航的辉煌历史，体悟多元文化融合的海洋文明魅力，在探知中感受先辈们向海而生、开拓海洋的进取精神。

福州与上海同处于“海上丝绸之路”的重要航线上，都孕育着深厚的海洋文明底蕴，是海洋文化的主要承载者之一。得益于两馆的积极交流，携手促成了福州市博物馆馆藏“碗礁一号”沉船出水文物在上海中国航海博物馆的展出。为发掘海丝文化的深刻内涵，我们共同编撰《器成走天下 “碗礁一号”沉船出水文物大展图录》，以飨读者。希望此书的出版能让人们进一步了解“碗礁一号”遗珍与海丝文化的灿烂历史，为新时代的“海上丝绸之路”建设提供有益借鉴。

福州市博物馆馆长 张振玉

2019 年 5 月

目录

专论

图版

后记

图版目录

碗礁侧畔现沉船
DISCOVERY OF THE WAN REEF I SHIPWRECK

海底瓷库惊天下
PORCELAIN TREASURY UNDER THE SEA

海丝航路千帆竞
MARITIME ROUTES TO THE OVERSEAS COUNTRIES

专论

MONOGRAPH

海上陶瓷之路中的福州交通

杨琮　闽江学院客座教授，原福建省文物局副局长、福建博物院院长

一、福州早期的海上交通

福州地区是闽江下游最大的一片冲积平原，也是福建省最大的一处平原，自然地理位置十分重要。目前已发现八千多年前的新石器早期的人类遗骨和文化遗存[①]，紧接其后是已经发现的七千至六千年前的“壳丘头”文化遗址[②]，五千年前的昙石山文化遗址[③]，四千年前的“黄瓜山文化”遗址[④]，三千年前的商周时期的黄土仑文化遗址[⑤]，几千年来福州地区史前先民的活动一直延续未断，并且一直向更高的文化阶段发展。到了战国时期，福州已成为闽越民族的核心聚居区，产生了闽越王权的政治中心。虽然秦始皇在统一六国后，又发兵南平百越，征服了闽中地区，在福州设立了闽中郡，但短暂的秦王朝在农民起义中很快土崩瓦解了。闽越首领无诸等追随刘邦反秦灭楚有功，于汉五年（公元前202年）被汉高祖刘邦复封为闽越王，王闽中故地，都“东冶”，即今福州。司马迁在《史记·东越列传》中记录了闽越国的历史，福建地区文明史揭开了大幕。

在福建立国了九十二年（公元前202～前110年）的闽越王国，已开启了对外贸易的先声。在闽越国城址[⑥]及墓葬[⑦]中，先后出土过数量不少的陶香熏，这类香熏（熏炉）是一种专用于燃熏香料木的室内生活用品。而当时的香料木主要产于东南亚和南亚诸国[⑧]，其所用香料必须通过海外贸易才能得到。在广东、广西的南越国贵族墓葬及广州南越王墓中也出土了类似的香熏，南越国当时与南亚的海外贸易往来频繁。同样滨海的闽越国，亦不乏海外贸易的情况。《汉书·景十三王传》记载，江都王刘建“遣人通越繇王闽侯，遗以锦帛奇珍，繇王闽侯亦遗建：荃、葛、珠玑、犀甲、翠羽、蝯熊奇兽”。中国南方在全新世时犀牛已灭绝，西汉时犀牛只产自东南亚、印度和非洲。文献记载闽越国居住福州冶都的闽越繇王，用多余的犀甲回赠内地的诸侯王，反映出闽越国不乏这种进口的犀牛皮，同样证明了闽越国的海外贸易和交流状况。福州作为闽越国与东南亚、南亚贸易的口岸，这个时期交流的序幕已经拉开。

汉武帝于元封元年（公元前110年）遣四路大军平定闽越国后，皆迁闽越人于江淮之间，福建地逐虚。但在东汉时期，福州又逐渐开始了海港的贸易和中转货物的活动。《后汉书·郑弘传》记载：“旧交阯七郡贡献转运，皆从东冶汎海而至。”明确说明了当时越南等东南沿海郡县，向中原王朝进贡及贸易等，要海运经过福州，福州古港又开始恢复成为中国东南沿海的重要贸易集散地和中转地。

东汉末时人许靖从扬州出海，“浮涉沧海，南至交州。经历东瓯，闽越之国，行经万里……”[⑨]。当时早已无东瓯、闽越国，文献记录是温州和福州海港。从三国到南朝的六朝（吴、东晋、宋、齐、梁、陈）时期，历史文献记录闽人的航海技术首屈一指。左思在《吴都赋》记：“篙工楫师，选自闽禺。习御长风，狎玩灵胥。……”指明吴国的水手主要来自闽中与岭南。沈约《宋

书》记载吴国在闽中设有典船校尉，还设置有“温麻船屯”。按《宋书》记载吴的典船校尉在元丰县，即闽县，在福州。宋梁克家在《三山志》也有记载典船校尉，并说:“旧记:开元寺东直巷，吴时都尉营，号船场。”[⑩]吴国的“温麻船屯”在福州北部的温麻县(今霞浦)。三国时期吴国在建安郡设立了两大船屯，反映了闽中已是吴国的造船业中心。吴国当时所造的海船，“大者长二十余丈，高去水三二丈，望之如阁道，载六七百人，物出万斛”[⑪]。

在东汉时期福州沿海已有了与日本、中国台湾和菲律宾群岛人员来往的文献记载。《后汉书·东夷传》云:“会稽海外有东鳀人，分为二十余国。又有夷洲及澶洲。…… 人民时至会稽市。会稽东冶县人有人海行遭风，流移至澶洲者。所在绝远，不可往来。”文献中记载的东鳀、夷洲和澶洲，都与东冶有海上联系。关于东汉的东冶，虽有学者认为是浙南地区的章安，但史学界一般都认为是福州。学术界基本认为东鳀应是指当时的日本，夷洲是指台湾，澶洲是菲律宾群岛(也有认为是海南岛的)，总之史书记录了东冶与这几处地区有海上交通的史实。《三国志·孙权传》记载吴国黄龙二年(230年)春正月，吴王孙权“遣将军卫温、诸葛直将甲士万人浮海求夷洲及澶洲。…… 但得夷洲数千人还”。这是吴国船队赴台湾掳掠人口的记录。

在六朝时期福州地区不仅不乏官方的海外交往，民间亦交流不断。同时也与国内南北沿海地区交流、贸易频繁。《陈书》记录闽中陈宝应在侯景之乱时派船队来往于会稽、闽中海上，贩卖粮食与贸易。

福州地区六朝时期的考古资料亦证实了当时海外交流和贸易的状况。如六朝墓葬中的青瓷香熏常见，反映了东南亚和南亚的香料进口不断。瓷香熏上的坐佛[⑫]，六朝墓砖上的飞天、僧人以及宝相、宝瓶、宝相联珠、忍冬缠枝纹样等与佛教有关的艺术[⑬]，都反映了南传的印度佛教艺术自海上交流传到福州的实况。因此，六朝时期福州与东南亚、南亚的交流、联系，是在汉代交往的基础上的继续发展。为以后唐五代的贸易之路铺垫下了坚实的基础。

二、唐五代“海上丝绸之路”兴起时的福州交通

隋唐五代是福州社会经济与文化的一个大发展时期。福州冶山附近出土的唐马球场残碑，记录了唐元和八年(813年)福州城市发展的一些面貌[⑭]。碑刻文字记录了“…… 海夷日窟，风俗时不恒 ……”，指明当时福州海外来的人员和商客很多。当时福州是闽中的重要对外商港，闽南的泉州成为商港要晚于福州，在唐代史料中不见。唐文宗在太和八年(834年)下的诏书中，也指明要福建的节度观察使对“蕃舶”“蕃客”应“常加存问，除舶脚收市进奉外，任其来往通流，自为交易，不得重加率税”[⑮]。这说明当时福州的节度观察使还同时掌握着市舶外事权。唐诗中包何《送李使君赴泉州诗》[⑯]云:“傍海皆荒服，…… 云山百越路，市井十洲人。执玉来朝远，还珠入贡频。”

① 近年台湾考古学界在马祖的亮岛发现了八千年前的新石器早期的人骨遗存和亮岛文化遗址。陈仲玉、刘绍臣:《马祖列岛自然环境与文化史研究》，(台湾)连江县政府出版。

② 林公务:《福建境内史前文化的基本特点及区系类型》，《福建历史文化与博物馆学研究》，福州:福建教育出版社，1993年。

③ 曾凡:《关于福建史前文化遗存的探讨》，《考古学报》1980年第3期。

④ 同注②。

⑤ 王振镛:《辛勤耕耘结硕果——福建省博物馆文物考古工作四十年》,《福建历史文化与博物馆学研究》，福州:福建教育出版社，1993年。

⑥ 杨琮主编《武夷山城村汉城遗址发掘报告》，福州:福建人民出版社，2004年。

⑦ 林连芝:《武夷山闽越王城遗址墓葬考古新收获》，《福建文博》2005年第3期。

⑧ 广州市文管会等:《广州汉墓》，北京:文物出版社，1981年。

⑨ [晋]陈寿撰，[宋]裴松之注:《三国志》卷三八，北京:中华书局，1959年，第964页。

⑩ [宋]梁克家:《三山志》卷一，北京:方志出版社，2004年，第3页。

⑪ [宋]李昉:《太平御览》卷七六九，舟部二，引《南州异物志》，北京:中华书局，1960年，第3412页。

⑫ 杨琮等《论福建省六朝青瓷的工艺及装饰》，《福建工艺美术》1987年第3～4期合刊。

⑬ 曾凡:《关于福建六朝墓的一些问题》，《考古》1994年第5期。

⑭ 陈叔侗:《福州中唐文献孑遗“元和八年球场山亭记”残碑考辨》，《福建史志》1992年第5期。

⑮ [唐]李昂:《太和八年疾愈德音》，《全唐文》卷七五，北京:中华书局，1983年，第785页。

⑯ 泉州指今福州。

图 1 “丝绸之路”线路（图中绿色线路表示陆上丝绸之路，蓝色线路表示海上丝绸之路）

唐代福州作为中国最重要的商港和贡使出入地，已初具雏形。

这在考古发现中也有重要的证明。在日本博多遗址及鸿胪馆中，考古出土过整批的福州唐代淮安窑[17]的青瓷器皿。淮安窑位于福州西部的淮安，1982 年进行考古发掘，发现了南朝和唐代的两处窑址，窑址出土刻有“大同三年……”（梁武帝年号，537 年）铭文的窑具，以及一件刻有“大……贞元……”（唐德宗年号，785～805 年）铭文的窑具，证明了此青瓷窑址从南朝一直延续至唐代。在东南亚也发现了有关的唐代淮安窑青瓷器，证实了此瓷窑当时已成为福建在东方海丝之路和南方海丝之路[18]贸易中重要的陶瓷器生产地。日本博多研究所和古陶瓷诸多学者，做过多方面研究，并就其与中国学者进行交流（图 1、2、3）。

⑰ 福建省博物馆等：《福州淮安窑遗址发掘报告》，《福建文博》1996 年第 1 期。

⑱ 前者指中、韩、日东亚贸易线路；后者指从南中国海南下西去的贸易线路。

图 2 日本博多湾鸿胪馆（国宾馆）遗址

图 3 日本福冈博多湾地图

唐五代福建的青瓷窑址，除福州怀安窑最为著名外，晋江磁灶、建阳将口与水吉、浦城、建瓯、将乐等地，都有发现。绝大部分位于闽江流域与支流，贸易交往必经福州港。福州在唐五代已成为福建乃至全国重要的海外贸易港口。

福州城在唐五代时，是一座以水路运输为主的港口城市，城有五座水门，城内水道四通八达，五代十国时闽江上游各地的船舶可直接驶至福州城下，商业十分繁荣。于兢《琅琊王德政碑》说道："闽越之境，江海通津，帆樯荡漾以随波，篙楫蹦腾而激水。"足见福州作为闽江流域出海口的江海间贸易中转站和货物集散地，具有极为重要的地位。

据《全唐文》中《表医者郭常》所记，可知闽江上游与江西水陆关系密切。江西饶江（今信江）是南通闽北，转福州的通道。通过这条通道，海外波斯、安息之货可由闽入赣[19]。其实波斯以及海外各地货物通过海上贸易到福州，并从福州流入内地的，当时并不乏见。福州刘华墓中即出土过三件硕大的波斯孔雀蓝釉瓶（图4）。这种超大的波斯釉陶器运输起来比一般物品困难许多，这都是波斯方物通过海上丝绸之路交流的物证。

图4 五代闽国进口波斯产的孔雀蓝釉大瓶

当时福州的船舶不仅通往东洋、南洋，还畅通于南北海道，通渤海一带的契丹国和渤海国，都见于文献记载[20]。福州已是通往海内外重要的口岸了。薛能《送福建李大夫》诗说"船到城添外国人"，也是福州与海外通商情况的文字反映[21]。由于福州位于闽江下游，近出海口，涨潮时，水涌闽江，大船乘潮可驰抵福州南门下。《三山志》记载五代的情况说"伪闽时蛮舶至福州城下"，记录了外国船只来往福州之便利。当时不仅福建陶瓷等特产向海外贸易，从国外输入的商品亦不少，闽国从海外输入的特产源源不断进贡给中原王朝。如同光二年（924年），王审知向唐王朝进贡品有：象牙、犀、珠、香药等海外珍品。天成二年（927年），王延钧遣使进贡犀牛、香药等海外珍品；四年（929年），再次进贡犀、牙、玳瑁、真珠、龙脑等等；长兴元年（930年），又进贡象牙、药。王继鹏继位后，立即向后晋进贡象牙二十株、香药一万斤。后晋天福六年（941年），王延羲向后晋进贡海外奇珍有：象牙二十株，乳香、沉香、玳瑁等[22]。对外贸易已是非常频繁，反映了福州作为海上丝绸之路的重要港口和始发地，业已完全成熟。

三、宋元时期福州交通的发展

宋代三百多年（北宋、南宋），是中国社会经济、科技和文化艺术的一个高峰期。同样，福州的社会经济、文化艺术也同步走高。特别是对外贸易，在中国海上丝绸之路经济中，占有重要地位，与五代后勃兴的泉州港，成为闽中并峙的双峰。关于刺桐城与泉州港的重要历史地位，学界已经研究得十分深入和透彻了。但对福州港在这个时期重要的历史地位，尚研究和还原得不够，这是由于多种原因造成的。

⑲ "郭常者，饶人，业医，居饶中，以直德言。饶江其南导自闽，颇通商外夷。波斯、安息之货国人有转估（估，通"贾"）于饶者，……"[唐]沈亚之：《表医者郭常》，《全唐文》卷七三八，北京：中华书局，1983年，第7624页。

⑳ "折桂何年下月中，闽山来问我雕虫。肯销金翠书屏上，谁把刍荛过日东。郯子昔时遭孔圣，繇余往代讽秦宫。嗟嗟大国金门士，几个人能振素风。"[唐]徐夤：《渤海宾贡高元固先辈闽中相访云本国人写得夤斩蛇剑御沟水人生几何赋皆以金书列为屏障因而有赠》，《全唐诗》第十一册卷七〇九，北京：中华书局，1999年，第8242页。《渤海宾贡高元固先辈闽中相访云本国人写得夤》是唐朝诗人徐夤的作品之一。

㉑ "洛州良牧帅瓯闽，曾是西垣作谏臣。红旆已胜前尹正，尺书犹带旧丝纶。秋来海有幽都雁，船到城添外国人。行过小藩应大笑，只知夸近不知贫。"[唐]薛能：《送福建李大夫》，《全唐诗》第九册卷五五九，北京：中华书局，1999年，第6542页。

㉒ 徐晓望：《闽国史》，台北：五南图书出版有限公司，1997年。

宋代福建是中国海船建造的中心，宋代文献记载："漳、泉、福、兴化，凡滨海之民所造舟船，乃自备财力，兴贩牟利。"[23]而且宋代海舶"福船"首屈一指。《忠穆集》中《论舟楫之利》说："南方木性，与水相宜，故海舟以福建船为上，广东、西船次之，温、明州船又次之。"《舆地纪胜》记福州"海舶千艘浪，潮田万顷秋"，反映闽都海舶数量之多，海路的热络。梁克家《三山志》记载福州的海道："南望交广，北睨淮浙，渺若一尘，乘风转柁，顾不过三数日。……谷价海涌，南北舰困载欵至城外，其诸货宝回往，不可名计。浮于海，达于江，以入于河，莫不有潮次云。""福船"在宋元时期久负盛名。

元代福建的航海及海船仍然盛极一时，在有关记载中，于福建任闽宪知事的萨都剌咏诗有："三山云海几千里，十幅蒲帆挂烟水。"[24]证明他们乘的福船是具有十面风帆的大海舶。而熊禾等诗人也提到当时闽中的"万斛船"[25]。福船的庞大和先进，使闽都福州和泉州海港成为中国宋元时最重要的丝绸之路始发港口和商品集散地(图 5)。

宋元时期市舶司的所在地泉州，是重要的港口及海外商贸主要的安置地区，其历史意义已被学术界所公认。而另一十分重要的海上丝绸之路始发港口和基地——福州，则被忽略了。事实上，福州作为福建最重要的闽江流域的下游出海口，是联结闽江上、中、下游最重要的物流集散地，同时还是福建的第一大都会，是福建政治、经济、文化的重镇和中心。

近几十年来海底沉船考古发现的资料从实物方面证明了福州在中国海上丝绸之路的重要地位。

先从我国海域的水下考古资料看，1990 年春中澳联合考古队对连江县筱埕镇定海村东南海域的"白礁一号"沉船遗址进行了发掘[26]。之后又于 1995 年、1999 年、2000 年，多次进行水下考古发掘，出水了大批黑釉盏和一批青白瓷器[27]。这些黑釉盏都是福州地区宋代瓷窑生产的，而青白瓷器也都是福州地区诸窑口瓷器，从而证明了"白礁一号"沉船从福州始发，航路应是经明州港往日、韩方向，走的是东方丝绸之路。此沉船年代为南宋，即 12 世纪后期到 13 世纪前期[28]。

1995 年、1999 年及 2007 年，中国水下考古队对南中国海西沙群岛的"华光礁一号"沉船进行了水下考古发掘[29](图 6)。在沉船中出土了大批青瓷器、青白瓷器、酱黑釉瓷等。其中青瓷器中有福建沿海南安窑、磁灶窑以及闽北松溪宋代回场窑的产品。而青白瓷中，除了江西景德镇窑、沿海德化窑的产品外，大多数是闽清义窑产品，其中一件碗上刻有楷书"壬午载潘三郎造"字样。另外，酱黑釉器中除晋江磁灶窑产品外，发现有一些武夷山遇林亭窑的金、银彩碗盏。考古队根据铭文与器形学鉴定，认为闽清义窑的"壬午"为宋高宗绍兴三十二年(1162 年)。此船为南宋的福船。笔者根据船上出水大批闽江上游窑口瓷器、江西景德镇瓷器及闽清义窑瓷器来判断，始发港为福州。闽南窑口瓷器为沿途上载的器皿。

1987 年在广东台山县附近海域，发现"南海一号"沉船。1998 年至 2004

㉓ [清]徐松辑：《宋会要辑稿·刑法二》之一三七，北京：中华书局，1957 年，第 6564 页。
㉔ [元]萨都剌：《过嘉兴》，蒋易《元风雅》卷一三，上海商务印书馆影印本，民国二十四年(1935 年)。原诗为："三山云海几千里，十幅蒲帆挂烟水。吴中过客莫思家，江南画船如屋里。芦芽短短穿碧沙，船头鲤鱼吹浪花。吴姬荡桨入城去，细雨小寒生绿纱。我歌《水调》无人续，江上月凉吹紫竹。春风一曲《鹧鸪》吟，花落莺啼满城绿。"
㉕ [宋]熊禾：《上致用院李同知论海舶》，《熊勿轩先生集》卷四，明隆武刻本。
㉖ 中澳合作水下考古专业人员培训班定海调查发掘队：《中国福建连江定海 1990 年度调查、试掘报告》，《中国历史博物馆馆刊》1992 年第 19 期。
㉗ 赵嘉斌：《海上丝绸之路上的中国古代外销瓷——中国水下考古的工作与发现》，《古代外销瓷器研究》，北京：故宫出版社，2013 年。
㉘ 同注㉗。
㉙ 中国国家博物馆水下考古研究中心等：《西沙水下考古 1998~1999》，北京：科学出版社，2006 年。

图 5 海底元代沉船中的贸易瓷器

图 6 西沙群岛海底“华光礁一号”沉船遗迹

年，中国国家博物馆水下考古研究中心对其进行了打捞[30]，2008 年又进行了整体打捞。现在整体的清理报告尚未整理发表，但以往的出水文物以陶瓷为主，其中的青白瓷有三地的产品，一是景德镇，二是德化窑，三是闽清义窑和青窑。而青瓷主要是龙泉窑的产品，黑釉瓷器主要是福清东张窑的产品，绿釉器有晋江磁灶窑的产品[31]。很多不了解宋代考古的人都简单认为“南海一号”帆船应是从泉州始发的贸易船，这其实是臆测的。从船上发掘出的景德镇窑青白瓷、龙泉窑青瓷都是利用闽江运往出海口的外销瓷，而闽清两处窑口的青白瓷及福清窑口的黑釉瓷则是福州当地的外销瓷，因此，此船的始发海港必然是福州无疑。德化青白瓷和晋江绿釉器则是沿途上货的产品。

㉚ 任卫和：《广东“南海一号”沉船文物简介》，《福建文博》2001 年第 2 期。

㉛ 赵嘉斌：《海上丝绸之路上的中国古代外销瓷——中国水下考古的工作与发现》，《古代外销瓷器研究》，北京：故宫出版社，2013 年。

图 7 韩国新安海底打捞出的元代福船

图 8 韩国新安沉船打捞出水瓷器

图 9 韩国新安沉船打捞出水瓷器

宋代建置严谨，福州不设市舶司，是因为从福州向韩、日的贸易船可在明州港的市舶司办出口手续，向南洋、西洋的贸易船可在泉州办手续。直到明代封禁海，则又把市舶司移置福州港。

2006 年至 2007 年，中国的联合水下考古队对平潭大练岛西南的沉船进行了水下考古和打捞，打捞出水的瓷器全部系浙江龙泉窑的各类产品[32]。从航路和沉船的地理位置考察，发掘者均认为海运船应是从福州港出发，运送自浦城南浦溪过建溪进入闽江出海的整船龙泉窑产品。笔者比较认同这一看法，但也还不能完全排除从温州港出发的可能性。

此外，中国水下考古队还先后在福建莆田的南日岛、湄洲湾海域进行调查。

2008 年发现了“北土龟礁一号”宋代沉船遗址，出水了一些闽江上游窑口的青瓷，从瓷器和出水古钱币判断为南宋早、中期的沉船[33]，应为福州港始发船。而发现的“北土龟礁二号”元代沉船，保存较好，船中成摞瓷器摆放在舱内，已发现的都是福州港连江浦口窑的产品，因此此船为福州港始发无疑[34]。

除中国沿海之外，1976～1984 年在韩国发现并打捞的新安沉船，出水了一些福建建阳水吉窑黑釉盏和一批南平茶洋窑黑釉盏[35]（图 7、8、9）。这些闽江流域的瓷器都充分显示了这条元代福船的始发港应是闽江海口港的福州。而有关庆元港的物品，是停靠宁波上的货，并非船始发于宁波港。

根据目前为止的水下考古资料显示，在中国沿海、南中国海甚至到韩国海域，所发现的几乎所有宋元时代的沉船，都始发于福州港，因此，考古资料证实宋元时期福州港是中国最重要的丝绸之路出发地，闽江流域也是宋元时期连接海上丝绸之路最重要的河流运输线。文献记载与考古发现的实物资料能够吻合，而更多的考古发现弥补了历史文献记录的不足。

四、明清时期重要的交通地位

明清时期是中国海上丝绸之路发展的一个特别时期。此时期与宋元完全不同，但又在世界格局中占有独特地位。

因倭寇问题，明洪武初期朱元璋下了禁海令，“禁滨海民不得私出海

㉜ 赵嘉斌：《海上丝绸之路上的中国古代外销瓷——中国水下考古的工作与发现》，《古代外销瓷器研究》，北京：故宫出版社，2013 年。

㉝ 同注㉜。

㉞ 同注㉜。

㉟ [韩]文化公报部、文化财管理局：《新安海底遗物》（综合篇），高丽书籍株式会社，1988 年。

……”[36]，禁止了民间与海外的贸易往来，朱元璋的海禁政策虽然被后代所沿用，但官方的朝贡与贡赐并未受禁。特别需要说明的是明早期，在丝绸之路上还发生了具有世界意义的大事——郑和七下西洋。

从明永乐三年到宣德八年（1405~1433年），朱棣派遣太监郑和与王景弘率领舟师七下西洋，随员达两三万人，出行百多艘大船，远航东南亚、南亚及北非海岸，行程数十万里，是世界历代史上最大规模的远航壮举。郑和船队每次出洋，都是先到福州长乐太平港驻扎准备后，从福州正式出洋。长乐《天妃灵应之记》碑文记载：“自永乐三年奉使西洋，迨今七次……余由舟师驻于斯，伺风开洋。”每次驻扎，或两三个月，或五六个月，长的达十个月以上。这是由于郑和船队的许多船只，是在福州制造的。史料记载：“永乐二年春正月，太监郑和自福建航海通西南夷，造巨舰于长乐，时称为三宝下西洋。”[37]文献《明太宗实录》旁证了永乐元年（1403年）五月辛巳，“命福建都司造海船百三十七艘”。永乐二年正月癸亥，“将遣使西洋诸国，命福建造海船五艘”。……有关记载很多。其二，因宋元以来福州作为海上丝绸之路最重要的始发港和物资集散地，已有雄厚的基础，所以郑和远洋航行要依靠闽中水手、舵工等航海技术人员。郑和船队的领导层和技术人员以及军士闽人极多[38]（图10）。

郑和七下西洋的过程对闽中的海外贸易有积极影响，史料说这一时期“岁时诸番宾贡，海舶珍奇之货，率常往来于此”[39]。由于郑和船队每次都以福州港口为驻地和放洋的始发地，所以随之而来的外国使臣多在福州登陆，

㊱［清］谷应泰：《明史纪事本末》卷五五，北京：中华书局，1977年，第840页。

㊲［明］曹学佺：《曹能始先生石仓全集》，《湘西纪行》卷下，海防，明刊本，第34页。

㊳ 徐晓望：《福建通史·明清卷》，福州：福建人民出版社，2006年。

㊴［明］杨荣：《送福建按察佥事吕公考满复任诗序》，《文敏集》卷一四，《景印文渊阁四库全书》第1240册，台北：台湾商务印书馆，1986年，第25页。

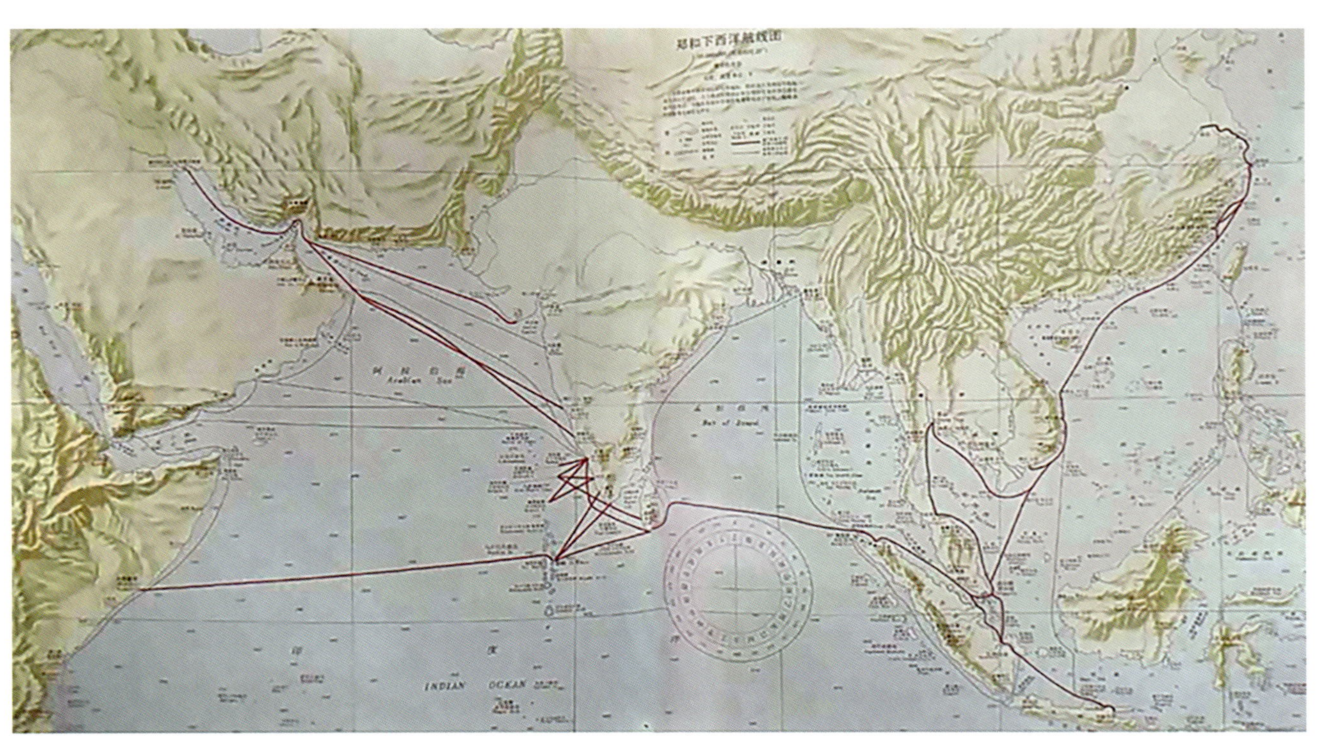

图10 郑和下西洋航线图

图 11 日本人称福船为"唐船"

图 12 在长崎港船坞中修理的福船

明代早期许多国家的使者进贡明朝，都选择福州港与泉州港。《明实录》记载：渤泥、苏门答剌、古里、柯枝、麻林等国的使者都到过福建。古麻剌朗国的国王不幸病死于福州，朝廷赐葬于当地。明成化年间，朝廷撤泉州市舶司，改设于福州。琉球王国从明初始一直与中国王朝朝贡交往密切，福州与泉州是专门负责接待琉球使者的地方。明清近六百年时间，明朝共派出了十五次专使，清朝共派出过八次专使。而琉球使者两年一贡或一年一贡，其贡船来闽中达数百次之多，福州是最主要的入贡港口。福州至今还遗存了当时的琉球会馆及琉球人的墓地。

由于明朝的主要政策是以禁海为主，加之"倭寇"的侵扰，所以海上丝绸之路潮起潮落，并不稳定。如福州、广州、宁波这几个重要口岸，只允许海外贡国进来贸易，并不允许中国人从这里去海外贸易。直到晚明，才有所松动。到了隆庆朝(元年)则开放了漳州的月港，允许月港对外贸易。此前尽管禁海，福州琅岐港还是有人私自出海贸易。明末福州的董应举说："向年闽中通番者，皆从漳州月港帮船。二十年来，琅岐作俑，外省奸徒，反从琅岐开洋。……"[40]而以福州去日本的私人贸易并不少见。《崇相集·严海禁疏》说："从福海中开洋，不十日直抵倭之支岛。如履平地。一人得利，踵者相属，岁以夏出，以冬归，倭浮其值，以售五货。"福州在明末已成为中国与日本贸易的主要口岸，福州人在日本的长崎建立了福州寺，福州商人集团在日本长崎产生了很大影响，在中日贸易中占有重要地位[41]（图 11、12）。

明代福州不光是对日贸易，在对东南亚和欧洲贸易中也举足轻重。如在平潭岛发现的老牛礁沉船中，打捞的大批以景德镇窑为主的青花瓷、青花釉里红、蓝釉瓷，都是明代中期后的产品，因此判断沉船为明代中期后[42]，从福州港始发，运载江西景德镇窑的贸易陶瓷。而在南中国海的西沙群岛海域

[40] [明]董应举：《闽海事宜》，《崇相集》，《四部禁毁丛刊》集部第 102 册，北京出版社，1998 年，第 69 页。

[41] 徐晓望：《福建通史·明清卷》，福州：福建人民出版社，2006 年。

[42] 栗建安：《闽海钩沉——福建水下考古发现与研究二十年》，中国国家博物馆水下考古研究中心编《水下考古学研究》（第一卷），北京：科学出版社，2012 年。

发现的“北礁三号”沉船[43]，出水的瓷器除有漳州窑明末的瓷器外，还有大批的明末景德镇青花瓷器，可证此船应是明末从福州港始发，在漳州月港再上货的贸易船。而在西沙群岛永乐群礁发现的银屿沉船遗址，出水的各种青瓷，皆为龙泉窑产品[44]，很可能也是福州港始发海舶的贸易陶瓷，龙泉的瓷器应是自闽江运抵福州港，再换海舶出洋的。

清朝政府初期也奉行禁海政策，到康熙收复台湾后，海禁遂开。福州来往于日本和东南亚的海船日益增多。许多福州的船主开展了对日贸易，在中日贸易中占据了重要地位，已有统计数据等相关研究成果[45]。当时，福建的地方特产和大宗商品：陶瓷、茶叶，都是对外贸易中的热销产品。茶叶以武夷山岩茶、红茶为主，陶瓷除德化瓷外，景德镇陶瓷大量从闽江流域到福州海港出境。清朝时厦门港崛起，成为福建沿海重要的外贸口岸。但福州作为传统的港口及闽江出海的货物运输集散地、海船始发港，其重要作用丝毫不减。

当时闽商所往的东南亚主要贸易地点包括马尼拉、葛剌巴、安南、暹罗、马六甲、新加坡等。荷兰人的《巴达维亚城日志》记载了很多福建船去葛剌巴的事例，曾有载重四百吨，船员达二百五十人的福建大海舶。清政府记录前往吕宋、葛剌巴的中国商人“大约闽省居十之六七，粤省与江浙等省居十之三四”[46]。

到了清代，海上丝绸之路的运输方式有所改变，欧洲列强都是通过东印度公司或殖民地与中国贸易，大量的远洋贸易船通过环球航行运送中国瓷器、茶叶等外贸品。中国贸易船较少涉远海，而是在南海及东南亚的殖民地转运中国货物，从已打捞的海底沉船也可见一斑。如2005年经水下考古，在平潭海域“碗礁一号”沉船中打捞出约1.7万件外销瓷[47]。这条船全部装载着清康熙时期景德镇窑的青花瓷、青花釉里红瓷器、五彩瓷器等，应是从福州始发的海船，遇台风或意外沉没于平潭海域。由于船上水手的生活用品不多，船的规模也不很大，且其中很多青花与五彩图案在国内不多见，推断这批瓷器是运往南中国海某处的销往欧洲的货品。

1990至1991年，在越南巴地头顿省槟榔礁由越南交通部与瑞典公司组织，澳大利亚水下考古专家主持，英、美专家参加的海底考古，发掘出“头顿沉船”，沉船长32.71米，宽约9米，打捞起遗物6万余件，其中绝大多数是中国清代康熙年间（1662~1722年）生产的瓷器[48]。此船必是中国贸易船无疑，从南下途经越南海域失事。由于在沉船上除打捞出大批江西景德镇瓷器外，还同时打捞出不少福建德化窑的白瓷和瓷塑玩具，所以可排除由广州等港口始发的可能，必然是由福州港始发，装载闽江上游运下的景德镇瓷器，途经闽南港口续装部分德化瓷器。

1998至1999年，越南历史博物馆等对金瓯省陈文时县海域的“金瓯沉船”进行了考古发掘，该船位于水下35米深处，长度约24米，宽度近8米，从船上直接打捞瓷器6万多件，加上民间非法打捞瓷器，共达13万件之多[49]，

㊸ 赵嘉斌：《海上丝绸之路上的中国古代外销瓷——中国水下考古的工作与发现》，《古代外销瓷器研究》，北京：故宫出版社，2013年。

㊹ 同注㊸。

㊺ 徐晓望：《福建通史·明清卷》，福州：福建人民出版社，2006年，第530~544页。

㊻ 台北故宫博物院故宫文献编辑委员会：《宫中档雍正朝奏折》第八辑，台北：故宫博物院，1978年，第837页。

㊼ 碗礁一号水下考古队编著《东海平潭碗礁一号出水瓷器》，北京：科学出版社，2008年；张柏主编《中国出土瓷器全集·福建卷》，北京：科学出版社，2008年。

㊽ [越]阮国雄：《槟榔礁海底古代宝库的发掘》，[越]《考古学》1992年第2期；[越]阮庭战：《越南海域沉船出水的中国古陶瓷》，《古代外销瓷器研究》，北京：故宫出版社，2013年。

㊾ 《金瓯沉船考古学发掘》，《越南考古学的一个世纪》，河内社会科学出版社，2005年。

品种有青花瓷、青花釉里红瓷、白瓷、酱釉瓷等，其中大部分是清代雍正年间(1723~1735年)产于中国的瓷器，为主是景德镇窑瓷器，其次还有福建德化窑和广东西村窑的产品。

五、从“碗礁一号”沉船看福州海上枢纽的位置

福州平潭海域的“碗礁一号”沉船，至少在21世纪初就被民间成规模地盗捞了。文物部门知悉后，于2005年7~10月，组织了以中国国家博物馆水下考古中心、福建博物院、福州市考古队为主的工作组，进行了水下考古和打捞。2008年8~9月，再次进行考古发掘和船体测量工作[50]。“碗礁一号”沉船的船体残长13.5、残宽3、残深1米，平面近椭圆形，头部尖，船底平，残存15个舱，多数隔舱板遭到破坏。考古出水遗物以瓷器为主，达1.7万余件，多为青花瓷器，还有少量五彩、酱釉瓷器等[51]。

“碗礁一号”沉没在海坛海峡中，这条航道是中国沿海南北往来的交通要道，是福建以北江苏、浙江和北方地区通往南海，闽南、两广及南洋、西洋诸国通往东洋的必经海路。

近十几年来，在同一海峡，先后发现了五代的分流尾屿沉船、宋代的大练岛西南屿沉船(“大练岛二号”沉船)、元代的“大练岛一号”沉船、明代中期的老牛礁沉船、明代晚期的“九梁一号”沉船[52]，这些自五代到清代的各个时期的外贸沉船，充分反映了福州海坛海峡在中国沿海航线的重要位置，是南来北往海船的必经航路。也说明了宋元明清以来闽江水路和福州出海港是景德镇外销陶瓷最近、最便捷的外贸运输线路。

与“碗礁一号”沉船年代相近的清代沉船，还有在越南沿海发掘出的“头顿沉船”，但“头顿沉船”航行得更远，可以肯定其保存和打捞情况比“碗礁一号”沉船更好。越南另一处沿海打捞到的“金瓯沉船”，也是海上丝绸之路上的中国船，发自福州港，走福建沿海、广东沿海、越南沿海的传统

⑤⓪ 张威：《水下考古学及其在中国的发展》，中国国家博物馆水下考古研究中心编《水下考古学研究》(第一卷)，北京：科学出版社，2012年。

⑤① 同注⑤⓪。

⑤② 栗建安：《闽海钩沉——福建水下考古发现与研究二十年》，中国国家博物馆水下考古研究中心编《水下考古学研究》(第一卷)，北京：科学出版社，2012年。

图13 清代闽江福州段停泊的帆船

图14 19世纪末20世纪初的闽江出海口

图 15 福船五彩船头

线路（南方海丝之路），沉没于越南金瓯海底。船从福州始发时应当主要运载了景德镇瓷器，沉船上的少部分德化窑和西村窑产品则是在沿线装载上船的。

此外，福建沿海还发现一些驶往福州或经福州北上的沉船，如莆田湄洲湾大竹岛清代沉船、莆田兴化湾北日岩二号沉船等[53]。这些贸易船装载着闽南德化窑、安溪窑青花瓷等瓷器北上时沉没于中途航线中。

清代景德镇的外销瓷器数量非常庞大，而海外销售市场主要是欧美市场，南海和东南亚的欧洲殖民地是最主要的转手贸易集散地。福州则是清代景德镇巨量外销瓷器的最佳出海港口，福州海道上的南路和北路，都是江西景德镇瓷器向东洋以及南洋、西洋外销的主要航线。福州港口及海上通道也是中国海上丝绸之路贯通南北的重要枢纽（图 13、14、15）。

六、清末的余晖

清代后期，鸦片战争中的英国炮舰轰开了中国的国门，中英《南京条约》确定了五口通商。五口中福建占有两个，其中一个就是福州港，而且有十七国列强在福州建立了领事馆，足见西方各个强国对福州海上贸易口岸的重视。清晚期的洋务运动，把中国最早的近代造船厂、政府的船政局以及中国最早的航海学校——船政学堂，都集中在福州的马尾港。这都不是清政府心血来潮的随意之举，闽都福州的重要港口资源、造船技术、航海历史和深厚的海洋文化底蕴，是这一切的坚实基础。

[53] 栗建安：《闽海钩沉——福建水下考古发现与研究二十年》，中国国家博物馆水下考古研究中心编《水下考古学研究》（第一卷），北京：科学出版社，2012 年。

『碗礁一号』沉船船型及航路试析

刘义杰　福建师范大学闽台区域研究中心特聘教授

福建省福州市平潭县的厝梁礁，位于海坛岛西部福清湾内屿头岛东北方1000多米处。2005年7月开始，中国国家博物馆水下文化遗产保护中心在该海域对已遭盗掘的水下文物进行抢救性考古发掘，经过历时三个多月的抢救性发掘，在该海域发现一艘沉船残骸以及其上残存的大量瓷器，而后，遂将此沉船命名为“碗礁一号”，厝梁礁也因此以碗礁驰名。

一、关于船型

据考古发掘报告，“碗礁一号”沉船的“船体平面略呈椭圆形，首尾均残，头部尖，尾部较平，船身向北倾斜，方向120°，呈西北至东南走向，船体残长13.50、残宽约3.00米，船体甲板以上部分和桅、舵、帆、锚等属具均已不存，残存船体都属于水线以下部分。船内有十五道隔舱板，将船分为十五个舱，其中东八舱和西五舱隔舱板全被破坏，仅存痕迹。肋骨只在个别舱发现，船壳板为一层。…… 龙骨剖面呈“凸”字形，宽0.22、高0.66、周长0.77米。…… 船壳板仅一层船板，宽0.22~0.30、厚0.05~0.08米，隔舱板厚0.10~0.12、宽0.20米”[①]。这些残存的船体数据，对其船型的判断已经足够充分了。

我国风帆航海时代，经过航海家和造船技师长期的实践和不断改进，形成了三种优异的船型——沙船、福船和广船。沙船平底，无龙骨，适应于长江口以北多沙洲浅滩的海域航行，但也有见其远航到朝鲜半岛西海岸及日本列岛痕迹；福船和广船都属于尖底、带龙骨的船型，利于在风浪较大的南海及远洋破浪航行。福船与广船在船型结构上没有太大的区别，都属于应用水密隔舱技术建造出来的远洋船舶。

就福船而言，是指闽、浙沿海地区造船家设计建造出来的一类船舶，因其主要建造于福建地区，故明中叶以后，将闽浙一带建造的各类尖底、具水密隔舱的海船统称为福船；明代后期，福船又专指抗倭期间由福州地区建造出来的战船。同时，也有学者将在浙江沿海建造出的福船衍生型船舶单独视作一种船型，即鸟船，故我国古代帆船也有四种船型之说。

福船诞生于福建地区，有其固有的因素。唐宋以后，海上丝绸之路成为我国主要的对外交往通道，急需一种结构紧密、抗沉性较强、运载能力大的远洋船舶，福船就是在这样的历史背景下适时出现了。宋代福建建造的海船，汲取了唐代“八艚舰”的水密隔舱建造技术，以福建沿海早已存在的鸟船为基础改造而成。这种新型海船的底部有一条纵贯的龙骨，船底呈“V”形，也就是所谓的尖底船，船舱采用水密隔舱技术，将船舶横向分隔成大小不等的舱室，这种隔舱方法，一者，使船舶的整体结构得到加强，船体在肋骨和隔舱板的支撑下，更加紧密、坚固，这样的船舶可以大型化，因而增加船舶桅杆数量，从而提高航速；二者，经过水密隔舱的作用，使得船舶的抗沉性能得到极大的提高，对远洋航行的意义极大；三者，被分隔出来的船舱除了具有水密作用外，还方便了货物的装载和管理。因此，北宋以后，这种应用水密隔舱技术建造出来的船舶就成为我国对外贸易的主力船舶。目前已经发现的古代沉船如泉州宋代古船、“南海一号”沉船、新安沉船等等古代沉船，都属于福船船型。北宋末，宋室南渡，有段时间新皇帝曾以船为宫殿，流浪于长江口及杭州湾海域，为此征调过大量船只前来勤王，全国各地各种类型的船只一度汇集于长江口沿海海域。经过复杂的战争环境的考验后，当时负责沿海船舶调度和指挥的南宋宰相吕颐浩在其“论舟楫之利”奏折中对这些海船的优劣进行了比较和总结，他说：“南方木性，与水相宜，故海舟以福建船为上，广东、西船次之，温、明州船又次之。”[②]从此而后，“海舟以福建为上”成为定论。

对福船船型的描述，最早出现在北宋宣和五年（1123年），时宋徽宗遣路允迪出使高丽，命在明州（今宁波）建造船舶，并将出使团队乘坐的船舶命名为“鼎新利涉怀远康济神舟”和“循流安逸通济神舟”。据使团书记官徐兢的《宣和奉使高丽图经》描述，从福建雇募而来略加修饰以作官船的神舟，“其长十余丈、深三丈、阔二丈五尺，可载二千斛粟。其制，皆以全木巨枋搀迭而成，上平如衡，下侧如刃，贵其可以破浪而行也”[③]。“上平如衡，下侧如刃”是对福船船型非常贴切的形容，这种船舶因以龙骨作船底，故船底如尖刃，利于破浪航行，对航速的提高有利。船甲板则宽大，可以安置各种上层建筑，尤其作为官船使用时最为便利。如考古发掘报告所言，“碗礁一号”仍残存一段截面呈“凸”字形的龙骨，说明该船为尖底船，亦即福船船型。

“碗礁一号”沉船在考古发掘前曾遭盗掘，使得原来在沉船事故中已被毁损的船体结构再次遭到破坏，但从仅存的船体结构看，它仍可见有15个隔舱板，将残存的船舱分隔为15个舱室，这是典型的福船水密隔舱的形制。在泉州宋代沉船和“南海一号”沉船上，均可见12个隔舱板，将船体分隔成13个舱室，“碗礁一号”较之宋代沉船，舱室分隔较密，或许跟当时的建造条件和运载货物的品类有关。如果我们把沉船的时间推测在清康熙朝后期，考虑到当时海禁开放不久，前期沿海一带受到“迁界”政策的影响，船舶的建造能力急剧下降，民间已经没有能力建造大型的远洋海船，康熙朝后期虽开放了海禁，但对船舶建造仍然规定甚严，民间不得建造二桅以上的船只。因此，这是“碗礁一号”的船体不会很大的原因之一。考古报告测得“碗礁一号”的数据为“船体残长13.50、残宽约3.00米”。较之以泉州宋代古船“残骸长24.20米，宽9.15米，深1.98米”[④]，“南海一号”沉船“船体残长22.15米，最大船体残宽9.9米”，韩国木浦的元代新安沉船“残长约28米，宽6.8米”，“碗礁一号”的船型结构显得细长，显然与传统的大型海船有别。

“碗礁一号”在进行水下考古时，被分作东、西两个舱位（图1），总共有15道隔舱板将船体分隔成15个舱室，其延伸部分是否还有隔舱则不得而知。现在已知的古沉船如泉州宋代古船、“南海一号”，都为13个水密隔舱。韩

① 国家文物局水下文化遗产保护中心等：《福建沿海水下考古调查报告（1989~2010）》，北京：文物出版社，2017年，第122页。

② 吕颐浩：《忠穆集》卷二，论舟楫之利，《钦定四库全书》本。

③ 徐兢：《宣和奉使高丽图经》卷三四，海道一，客舟，知不足斋本。

④ 席龙飞：《中国造船通史》，北京：海洋出版社，2013年，第184页。

国木浦出水的元代新安沉船，则用7个隔舱板分隔出8个舱室，隔舱更少。“碗礁一号”沉船的水密隔舱比以往发现的沉船隔舱都多，从出水的1.7万多件各种形制的瓷器来看，区隔较小的隔舱或许更便于装载瓷器类易碎物品。

同时代的福船，除沉船外，可作参考的有清乾隆年间绘制的册封舟（图2），这种用作官船的册封舟，如北宋时期路允迪乘坐的“神舟”一样，都是用福船中的海船改制而成，为了适应出访使团的需要，这种册封舟的舱室，尤其是上层建筑作了较大的改动，其主要功能是乘坐而非运载货物。另外，同时期在日本长崎港绘制的唐船图中也能看到福船的形象，甚至直接注明为“福州造”（图3）。这种航行于中日间的福船则是典型的货船，其描绘的福船上层建筑部分可作为复原“碗礁一号”沉船的参考。

“碗礁一号”沉船的残存尺寸与传统福船的船型尺寸相距甚大，因此怀疑它不是常规的用作货船的福船。文献记载已知，福船作为一种优良船型，曾衍生出一系列大小不同的船只，历史上，它除作为商船外，如上所述，宋代以来，常常被改造成官船使用，而到了明代嘉靖倭乱期间，因为战争的需要，开始利用福船“V”形船艏特点应用于海战，被改作战船的大小福船在海战中可以达到“犁沉”倭船的效果，改型成功的福船，在抗倭战争和巩固海防中发挥了重大作用。在抗倭期间建造的这种福船型战船因其多在福建福州地区建造，故有了“福船”的称号。明末清初，台湾海峡之间的海战胜负往往取决于双方战船的大小与数量，此时，海战双方所依赖的主要是一种被称作赶缯船的战船，大约也是在这段时间改制出来的战船。

赶缯船（图4），是战船中的佼佼者。清人评价说：“赶缯船为闽省各船之最大者，…… 较之双蓬、花座、八桨、平底各船尤备。船身宽大，行使迅速，往来大洋，不畏巨浪。”[⑤]考虑到清康熙年间实行“迁界”严酷的海禁政策，即便在康熙二十二年（1683年）后开放了海禁，福建沿海的造船能力也很难恢复到能够建造如“南海一号”沉船那么大的海船的水平。在这特殊的

⑤ 佚名：《闽省水师各标镇营战哨船只图说》，手抄本，藏德国；转引自许路《清初福建赶缯船复原研究》，《海交史研究》2008年第2期。

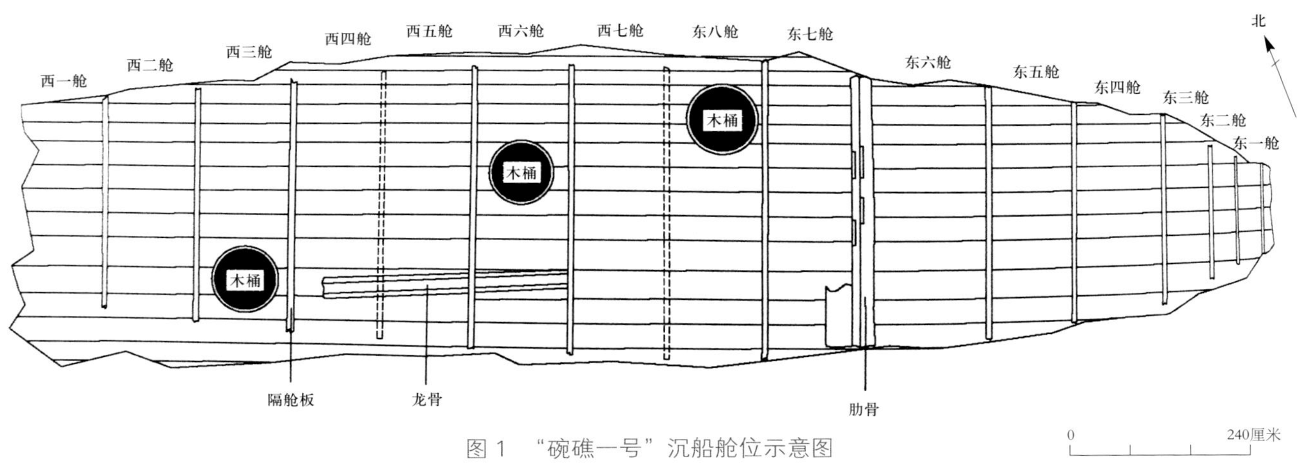

图1 “碗礁一号”沉船舱位示意图

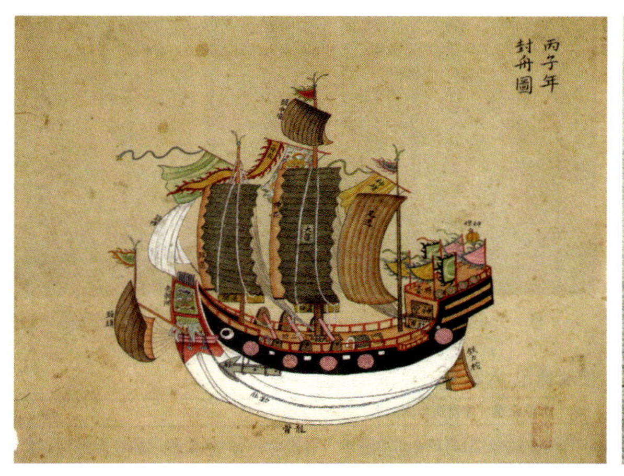

图 2 清代册封舟

图 3 日本人绘制的清代"福州造南京船"

时段里，极有可能是将"往来大洋，不畏巨浪"的赶缯船充作商船使用，所以，"碗礁一号"也就可能是一艘商用的赶缯船。

赶缯船在清初是清朝水师的主力战船，有大小之分。据《福建省外海战船则例》记载其尺寸为："福建省造送金州水师营大赶缯船三只，每只身长七丈四尺，梁头阔一丈八尺七寸。计二十一舱。"[⑥]清代营造尺一丈约合 3.2 米，大赶缯船为清军水师的主力战船，船长不过 24 米左右。金州水师是具有朝廷禁军性质的水军，所以它装备的赶缯船体型最大，而福建水师为地方水军，其赶缯船形制就等而下之，属于小赶缯船。据《福建省外海战船则例》记载，福建省水师营建造的赶缯船较之金州水师营的赶缯船尺寸及舱数都递次减小，最大的福建水师提标左营"国"字二号船，船"身长七丈三尺"，仅短一尺，舱室"计二十一舱"；其他赶缯船船身尺寸递减，由于船身尺寸缩减，舱室的数量也逐渐减少，从 21、20、19、18、17、16 舱递减到 15 舱，"水师提标后营'清'字八号船一只：身长四丈六尺，…… 船中长一丈六尺，面匀宽一丈三尺二寸、底匀宽一丈二寸；…… 计十五舱，深四尺三寸"[⑦]。依此推算，福建水师"清"字八号船船长约 14.72 米，船身中部甲板宽 4.22 米，深 3.84 米，分 15 舱。再看"碗礁一号"沉船，残长 13.5 米，残宽约 3 米，如将残船船体按形制延伸，其大小与该小赶缯船几乎吻合。另外，这款小赶缯船的船舱数为 15 舱，与"碗礁一号"的隔舱完全一样，也为 15 舱。这显然不是一种巧合，从船身尺寸与舱室数量来看，可以推定"碗礁一号"为一艘民用的赶缯船，其形制大小和水密隔舱建置均与福建水师的小赶缯船相近。因此也可解开"碗礁一号"沉船舱室多、船身狭长的疑惑。

图 4 清代赶缯船

清康熙年间，赶缯船主要用作战船，但它可以用作商船吗？清康熙年间，清军福建水师提督施琅曾在其奏折中说："如近者臣在省会议，据中军参将张旺报称：船户刘仕明赶缯船一只，给关票出口往吕宋经纪，其船甚小，所载货无多，附搭人数共一百三十三名。臣据报时即行查，而该船已开去矣。一般如此，余概可知。"[⑧]又，清乾隆四年（1739 年），仍然有福建商人将赶

⑥ 佚名：《福建省外海战船则例》，奉天外海战船做法，台湾文献丛刊第 125 种，台北：台湾大通书局，第 1 页。

⑦ 同注⑥，第 31 页。

⑧ 施琅：《靖海纪事》下卷，《海疆底定疏》，《八闽文献丛刊》本。

缯船用作商船的记载：“闽浙总督郝玉麟奏，洋船户黄万兴禀缴吕宋国判事书一封。内开去秋敝邑甲板抵厦，一应杂费，概从宽免。我国王报效未能，近因贵治民人名张清，有赶缯船一只，船户陈五胜，于丁巳年（清乾隆二年，1737 年）载木料往台，配载粮米回厦，押船之人乃陈同、蒋伊、施伟、陈悦等。将米换麦，驾驶来宋。冒称遭风，扑灭粮米，贻害保船之人。”⑨这两则被商人用作前往菲律宾马尼拉从事贸易活动的赶缯船，证实“碗礁一号”船为赶缯船并非孤例，可见，清康乾之际，赶缯船可以同时用作商船，且这种现象都出现在“碗礁一号”沉船的所在地福建省。

另外，考古发掘报告中还指出，“碗礁一号”沉船的船板仅有一层，说明这是一艘新船。福船为多重板结构的船只，新船为一层船板，随着使用年限增加，根据船只破损情况用贴层船板的方式予以维修和加固，如泉州宋代古船为三层船板。马可 ·波罗在其游记中曾记述过有六层船板的中国船，多重船板是福船的一个标识。

总之，“碗礁一号”沉船残存的尺寸和多达 15 个的水密隔舱板，除证明其为福船外，还可从形制和舱室数量上判断其为清康熙年间军民两用的赶缯船，而且是其中的小赶缯船。

二、关于航线

“碗礁一号”沉船的位置位于海坛岛西侧（图 5），显示其不在传统的闽江口航线上。因此，推测该沉船从福州闽江口起航后即发生海难事故，被风吹离主航线，偏航后进入该海域而后不幸沉没。

有关“碗礁一号”的考古发掘报告和研究文章都认为“碗礁一号”沉船是从福州港起航的商船，但都未注意到，福州港作为海上丝绸之路的古港，历史上，从福州港起航的船舶有三条航线：北洋航线、东洋航线和西洋（南洋）航线（图 6），“碗礁一号”船如果如判断的那样确实是从福州港起航，航向就有三种可能性。

其一，北洋航线。福建福州，古称东冶，是海上丝绸之路上非常重要的港口，东汉建初八年（公元 83 年），郑弘代郑众为大司农时，对南海七郡的贡道进行了一次大变革：“旧交阯七郡贡献转运，皆从东冶泛海而至，风波艰阻，沉溺相系。弘奏开零陵、桂阳峤道，于是夷通，至今遂为常路。”⑩可见，在陆路贡道开通之前，从南海七郡向中央朝廷的贡献都得经东冶（福州）港转运。秦汉以后，乃至唐宋，福州港都是极为重要的中转港口。沿至元代，朝廷实行海漕，海漕航线有两条，其中主要的一条从长江口的浏家港和太仓，经上海吴淞出长江口北上到天津塘沽口。另外一条则是从福建福州长乐港起航，这条海漕航线在《大元海运记》和《海道经》中都有详细的记载：“福建布政司水波门长乐港船厂门船，水程地头，预要水手船只护送，沿港海岛，其神仙壁、碧水屋山岛去处，古有贼船，以备良便船开洋，送至三岔河

⑨《清实录》，乾隆高宗皇帝实录，卷一百一，北京：中华书局。
⑩ 范晔：《后汉书》卷三三，列传第二十三，郑弘传，上海古籍出版社。

口。如过一日、二日至古山寺，登山送香烛，防东南飓作潮大。过日，平息，送至望琪港娘娘庙前抛泊。过日，至长乐港口。过一日，至民远镇巡检司。过一日，至总埠头港。过一日，至福州左等卫，告要水手船送。过一日，至五虎庙，烧总福。过一日，至五虎门开洋，望东北行使，正东便是褁衣山，正北便是定海千户所，东南便是福清县盐场。”[11]这条漕运海道从长乐港起航，出闽江口后向北航行到长江口，或与太仓的海漕航线汇合，或经长江口的茶山，径直北上到天津塘沽口，完成海漕任务。因为这条航线所经的东海北部和黄渤海海域是清代统称的北洋，故且将其称为北洋航线。这里截取的是这条海漕航线初始的部分，即从长乐港起航出闽江口向北航行的部分，如果“碗礁一号”是向北航行走北洋航线，那么它初始阶段的航线就像《海道经》所描述的这样。向北航行的船只如果遇到“东南飓作潮大”，就有可能被吹送到“碗礁一号”沉船海域。

但是，“碗礁一号”沉船上打捞出水的货物几乎全是景德镇生产的瓷器，从我国瓷器销售的渠道上看，“碗礁一号”船不存在向北航行的可能。

其二，东洋航线。明代洪武以后，位于今冲绳群岛的琉球国成为我国的藩属国，中琉两国之间的海上交通指定福州港为唯一的港口，而长乐闽江口的梅花港成为驶往琉球国船舶的起航港。根据明清两朝册封使记录下来的大量航海资料，前往琉球国的航线从长乐起航后，以东偏北的航向航行。另外，据明代海道针经《顺风相送》记载，这条航线不仅是福州驶向琉球国那霸的航线，同时也是福州驶向日本兵库港和长崎港的航线。这条航线在传统的东洋海域，故可称之为东洋航线。同北洋航线一样，如果“碗礁一号”船是驶向琉球或日本，其起航后如遭不测，同样也可能漂流到沉船海域。不过，历史文献记载中，还尚未发现有整船瓷器从福州港运往琉球国和日本的记录。从上述关于福建商人用赶缯船驶往菲律宾马尼拉港从事贸易活动的记载看，“碗礁一号”船走这条东洋航线前往吕宋（马尼拉）的可能性也是存在的。

⑪ 佚名：《海道经》，海道。

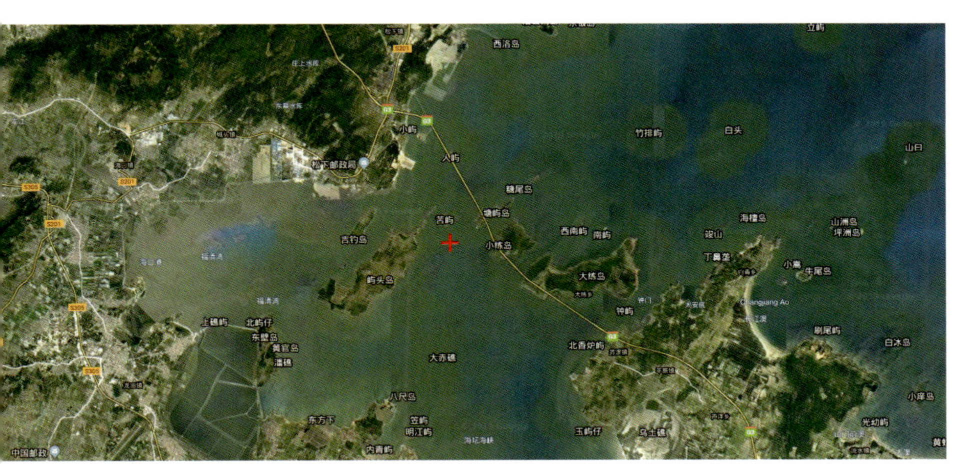

图 5　“碗礁一号”沉船位置即图中红十字处

图 6　福州港三条传统航线及沉船航迹推测

其三，西洋（南洋）航线。如上述，东冶港作为海上丝绸之路的重要中转港时，同样有这条航线的存在，而且是这三条航线中最重要的航线。明初郑和七下西洋，都以福州长乐太平港作为船队的集结港。据《郑和航海图》，郑和船队进太平港的针路为“用丁午针，二更船，取五虎山”。出太平港下西洋的针路为“用乙辰针，平官塘二礁，外过。用丙巳针，取东沙；东沙，用丹巳针，三更船，平牛山”。明清两朝有关文献上记载的从福州长乐太平港下西洋的航线都与《郑和航海图》上记载的针路大体一致。从福州长乐太平港起航的船舶使用南偏东的丙巳针（160°），经针路中的“牛山”（在《郑和航海图》中又注为“牛渚”，即今海坛岛东的牛尾岛）向南航行，开启下西洋的航线。牛山正好与“碗礁一号”所处的厝梁礁隔海坛岛东西相向，如果“碗礁一号”船沿这条西洋航线航行，其航向也会如郑和船队一样，经过海坛岛东面的牛尾岛向南航行，这是主航线，只有出现异常情况，船只才会偏航进入福清湾，要从岛礁密布的海坛海峡顺利南下，对大型帆船来说将是危机四伏的航程。

西洋（南洋）航线是从福州港起航的三条航线中最主要，也是最重要的航线。一般情况下，运载瓷器等出口货物的商船均为下西洋或下南洋的船舶，它们按惯常的航线航行，即从福州长乐闽江口的南岸太平港或梅花港起航，以南偏东的针位航行，过了海坛岛外作为航标的牛尾岛后，驶向另外一个航标莆田外海的乌坵岛，这是从福州港起航船只的初始航程。“碗礁一号”船如果为外贸商船的话，也应该沿着这条航线航行。可惜，它刚出闽江口，极有可能因操纵不慎进入风力极大的海坛岛北部海域，进而偏航被风吹进福清湾并沉没在厝梁礁海域。从考古发掘报告中未提及船底破损且船身基本保持完整的情况看，“碗礁一号”船不是触礁沉没的，被强风刮翻而沉没的可能性较大。

三、关于沉船时间的推测

“碗礁一号”沉船经过三个多月的考古发掘，出水瓷器有1.7万多件，如果加上被盗劫的部分，该沉船上的瓷器应该超过2万件，出水瓷器均为景德镇产的青花日用瓷器，有关专家根据窑口、器形特征等，并从历史文献考察，断定这些瓷器的生产时间为清康熙年间，极有可能经过闽赣间的水路转运到福州港，然后装船外运。但康熙朝长达60年（1662~1722年），方志中也没有该沉船的记录，因此，要准确地推断沉船的时间是比较困难的。

目前至少可以排除在康熙二十三年（1684年）前不会发生诸如“碗礁一号”这样的商船沉没事故。因为从康熙元年（1662年）开始，清政府为了镇压郑成功等反清复明的武装力量，在以福建为核心的沿海实行残酷的“迁界”政策，所有的船舶都被烧毁，沿海居民被迫内迁，迁界政策使得福建沿海成为一片无人区。康熙二十二年(1683年)开放海禁，但人口的散失和自然环境的破坏，使得福州港在短时间内很难恢复生气。因此，从康熙二十二年往后推移，至少要经过十几至二十年的休养生息，航路才可能恢复。更何况船舶的建造也不能一蹴而就，都需要时间来恢复。“碗礁一号”船出航时间最早应在康熙朝的后期，但开海的好景不长，康熙五十六年(1717年)开始施行新的“南洋禁海令”，前往南洋亦即下西洋的航道再次被关闭了，如此算来，留给“碗礁一号”航行的时间已经非常有限了，大体时间局限在康熙三十年(1691年)到康熙五十六年间。

正常情况下，获得出洋贸易许可的商船应在每年农历的十一月后西北季风来临时起航，在航道熟悉、顺风相送的情况下，应该不会刚刚起航就发生海难事故。另一种可能，就是这艘赶缯船在非正常情况下起航，未经有关方面登记造册，私自出洋，走私贸易不按季节时令，容易发生这类海难事故。闽江口南侧的海域，尤其靠近海坛岛海域一带，常年有大风，稍有不慎，船舶便容易被大风吹离主航道。这艘满载瓷器的赶缯船或许未经官方许可，在非季风季节出海，甫出江口，就被强风吹离下西洋的航线，经大小练岛之间的海域进入福清湾，要从福清湾脱身，经海坛海峡南下，谈何容易。

四、结论

“碗礁一号”沉船，从残存的船体尺寸及有15道水密隔舱板的情况分析，无疑是一艘典型的福船船型，但船身稍显狭长，水密隔舱的舱室也多于其他已知的福船。将其残存的船体与泉州宋代古船、“南海一号”宋代沉船和韩国木浦元代新安沉船比较，“碗礁一号”沉船与传统的商用福船有较大的差别，因此怀疑其并非正常形态的商船。将“碗礁一号”与清初清军水师的赶缯船比较，发现它与其中的小赶缯船不论是船体尺寸还是水密隔舱的隔舱数目都出奇得一致，因此推测“碗礁一号”沉船为福船中的民用小赶缯船。清康乾时期，因“迁界”等海禁政策使得福建地区的造船能力下降，无力建造如泉州宋代古船那样的大型远洋船，转而将军用赶缯船改为商用，且可规避相关政策。“碗礁一号”沉船说明清康乾时期军民两用赶缯船是较为普遍的现象，至少福建地区如此。

“碗礁一号”沉船所处的海域在海坛岛西侧的福清湾海域，偏离福州港出港的主航道，离闽江口不远，因此该船可能是在起航后不久被强风吹入福清湾而失事。从它装载的货物全为瓷器的情况分析，它在福州港三条主要航线中最有可能是驶向西洋(南洋)的航线。如果出水瓷器的窑口和生产日期断定为江西景德镇产的青花瓷，结合清康熙时期时或海禁、时或开海的情况考量，“碗礁一号”沉船的时间推测在康熙三十年到五十六年的开海时段内。

海上丝绸之路与福州的陶瓷贸易

张振玉　福州市博物馆馆长、研究员

众所周知，陶瓷是中国古代劳动人民的伟大创造，是华夏优秀文化的重要组成部分，在世界物质文化史上占有重要的地位。中国作为历史悠久的陶瓷起源之国，闻名遐迩。精美的陶瓷自古以来深受世人青睐，众多的国外有识之士，倾其毕生精力收集、珍藏、探索和研究。陶瓷作为“海上丝绸之路”的大宗商品，千余年来，源源不断地输往国外，在中外商贸史上扮演着重要的角色，成为中国走向世界的桥梁和媒介，为中外文化交流做出重要的贡献。地处东南沿海的福州，自古以来就是中国海洋文化的发祥地之一，得天独厚的海洋优势，孕育了天然的福州古港。据文献记载及近年考古资料显示，福州港不仅承担着来自福州本地区窑场生产的陶瓷出口商贸任务，而且也承担着来自江西景德镇窑、浙江龙泉窑以及福建省内德化窑、建窑等地生产的陶瓷外销的转运任务，因此，福州港不仅是“海上丝绸之路”直接的对外贸易港，同时也是“海上丝绸之路”主要的转运港。被誉为“华夏文明缩影”的陶瓷，通过福州港的“海上丝绸之路”航线，跨越海洋，走向世界。

一、丰富的陶瓷资源，为福州“海上丝绸之路”的开辟提供坚实的物质基础

日本学者三上次男在研究陶瓷外销时认为，“海上丝绸之路”应该被称为“海上陶瓷之路”。他在《陶瓷之路》一书中，对中国海上贸易的商品出口进行深入研究后，认为中国所开辟的海上贸易航线，应称为“陶瓷之路”更为恰当[①]。陶瓷不仅是中国古代主要的出口商品，为古代商人谋取了巨额利润，而且还是远洋航船的理想压舱物。根据目前水下沉船考古出水的器物来看，只要发现来往于中国航线的沉船，一般都有大量的中国古代瓷器。有着7000多年人类文明史和2200多年建城史的国家历史文化名城——福州，历史悠久，人文荟萃，埋藏在地下的文物丰富，散落在榕城大地上的古窑址星罗棋布，这些窑场所烧造的陶瓷，远销海外，使福州成为“海上丝绸之路”重要的陶瓷生产基地和陶瓷供货地。

福州怀安窑（图1）。位于福州市晋安区洪塘乡淮安村，该窑烧制年代为南朝至五代时期。1953年修建防洪堤时发现，1982年7月进行考古发掘。在该窑址中，南朝窑址出土刻有“大同三年……”（梁武帝年号，537年）字样的垫柱残片，唐代窑址出土一块刻有“大……贞元……”（唐德宗年号，785~805年）字样的垫柱片，为该窑址的分期和断代提供实物见证。该窑址占地面积8万多平方米，共出土遗物15784件，主要的器物品种有青釉双系盘口壶、双系罐、四系罐、卷唇盒、双系带鋬短流注子、敛口钵、高足盘、高足杯、碗、盘、盅、缸、茶盏、茶托等。通过将该窑址出土的器物与日本著名的博多遗址出土的青瓷器进行对比研究，我们“确定其中大部分为唐、五代福州的怀安窑产品”[②]。

闽清义窑。位于闽清县东桥镇西南，烧制年代为宋、元时期。1958年11

图 1 怀安窑址

图 2 东张窑址

月，福建省文物管理委员会在闽清进行考古调查时发现该窑址。窑址范围自义由村至安仁村一带，绵延十几个山头，面积达 53300 多平方米。主要烧制瓷器有青白釉瓷碗、洗、碟、盅、盒、罐、炉、壶等瓷器皿，以及少量黑釉瓷器，还有部分捏制的黑釉或青白釉的小狮、小狗、猪头等动物造型器物。器物的装饰较为丰富，碗内有各种不同的刻花或篦梳纹，碗外有划莲花，有的洗内印莲花，有的炉外划牡丹花等，这些花卉的线条都十分流畅，显得典雅而风韵。根据窑址暴露的面积，以及散落在山坡上的瓷片和堆积层厚度，可见当时该窑之兴旺，它是宋、元时期福州地区烧制青白瓷的大窑址。目前该窑场烧制的瓷器在福建连江定海“白礁一号”沉船遗址、西沙群岛华光礁和北礁沉船遗址的水下考古调查与发掘中均有出水。

福清东张窑址(图 2)。位于福清市东张镇石坑村厝后山，烧制年代为宋、元时期。1956 年 1 月修建东张水库时发现该窑址。窑址范围约 2 万平方米。主要烧制青瓷和乌金瓷，主要器形有各式的碗、盏、碟、盘等。东张窑烧制的“黑釉盏和建窑产品有相似之处，青釉瓷器则为仿龙泉窑。它们的形式、装饰、制作工艺都具有福建宋、元时期同类型的特征”③。东张窑所烧制的瓷器在福建连江定海“白礁一号”沉船遗址的水下考古发掘中有出水。

连江浦口窑。位于连江县浦口镇周围的山丘上，烧制年代为南宋至元末时期。1954 年发现。窑址范围约 1 万平方米。主要烧制的器物以青瓷为主，以及少量黑釉器，器形有碗、盘、碟、钵、洗、罐、瓶、炉、执壶、香熏、器盖等。装饰方法为在碗内刻划篦纹、卷云纹，碗外刻划莲瓣纹或宽篦纹，碗心模印莲花图案，瓶身堆贴缠枝莲花等。该窑场烧制的器物目前在福建沿海连江定海“白礁一号”沉船遗址、莆田湄洲湾沉船遗址以及日本冲绳等地均有发现。

以上列举的四处窑址是福州地区从南朝至元代最具代表性的窑址，而与其同时烧制的窑场仍不乏有之，如位于晋安区北峰宦溪乡的宦溪窑址(宋、元)，位于南台岛的洪塘陶窑(宋)，马尾区亭江镇长柄村的长柄窑址(宋)，闽侯县南屿镇窗夏村的碗窑山窑址(宋)，闽侯县鸿尾乡桥头村横历自然村的

① [日]三上次男：《陶瓷之路》，李锡经等译，北京：文物出版社，1984 年。

② 中国福建省博物馆、日本博多研究会（郑国珍、栗建安、田中克子）：《福州怀安窑贸易陶瓷研究》，《福建文博》1999 年第 2 期。

③ 福州市博物馆、福州市考古队：《福清东张窑两处窑址调查》，《福建文博》1998 年第 2 期。

横历窑址（宋），连江县敖江镇魁岐村的魁岐窑址（宋），连江县长龙乡真茹村的真茹窑址（宋、元），罗源县松山镇八井村的碗窑里村窑址（宋），闽清县东桥镇的青窑、湖里窑、安仁溪窑（宋、元）等等，不胜枚举。从上述调查和考古发掘资料不难看出，宋、元时期福州地区窑业的辉煌成就，与王审知的轻徭薄赋、开辟甘棠港奠定下的良好的海外贸易基础是密切相关的。在对外贸易中，海外国家、地区对中国陶瓷的巨大需求量，使得陶瓷成为出口贸易商品的大宗，进而极大地刺激了福州地区瓷业的发展，陶瓷成为福州“海上丝绸之路”开辟的坚实的物质基础。与此同时，南宋时期政治经济文化中心的南移、泉州港的兴起，都为福州带来了一次难得的发展机会。

二、备受海外青睐的福州陶瓷，为福州“海上丝绸之路”的发展提供保障

众所周知，西方国家为了表达自己对中国陶瓷的喜爱，在英语单词中将瓷器和“中国”的代称都拼写为了“china”。除此之外，他们还把拥有中国陶瓷视为一种荣耀。18 世纪的欧洲市场上，“由于中国陶瓷以其独特的材质和装饰艺术，风靡欧洲各个阶层 …… 优质的陶瓷已经成为夸耀地位的象征”。普鲁士皇帝为给自己的婚礼添色，动用了数百名骑兵换取一批中国陶瓷[④]。法国路易十四在广东专门定烧了用于军团贵族、各种授勋和喜庆典礼使用的带有甲胄、军徽和纹章图案的瓷器[⑤]。由于中国瓷器在西方人心目中的巨大魅力和崇高地位，西方国家在采买中国瓷器的同时，也逐步开始仿制。1575 年，托斯卡纳大公弗兰西斯科・马丽西・德・美第奇出资，在佛罗伦萨的鲍勃利公园建窑，仿制中国瓷器。到了 1709 年，德国人伯特格尔成功烧造出了欧洲第一件瓷器。

福州地处中国东南沿海，历史上虽然没有赫赫有名的御窑厂，但陶土资源丰富，福州地区窑厂烧制出来的各种精美瓷器，与其他地方窑厂所烧造瓷器一起走出国门，远销海外各国，受到世界各国陶瓷友人的喜爱和青睐。以福州怀安窑为例：根据考古发掘资料显示，怀安窑的烧制时间为南朝至唐五代，前后持续五百多年，烧造的日用品瓷中仅器盖的形制就多达 174 种，足见其规模之大、产量之高、销售量之大。该窑生产的陶瓷器在福州北大路的五代夹道遗址、省农业厅工地的汉—晋古墓群、省机关政务管理局工地的唐代球场和大型建筑墓址、省社会主义学院的唐五代 — 宋的河道遗址等均有出土。“这表明这一时期的福州城，是怀安窑陶瓷器的主要集散地和消费地，也就是说，唐、五代时期的福州城是怀安窑陶瓷的主要市场。同时，作为这一时期中国东南沿海重要的对外贸易港来说，福州城也为怀安窑陶瓷器的外销开辟了海外市场。怀安窑、福州城市遗址以及日本九州地区古遗址这三地的考古调查与发掘，揭示出唐、五代时期怀安窑陶瓷业的生产、贸易和消费的完整过程。”[⑥]这也从一个侧面反映了怀安窑陶瓷在国外受青睐的景况。

④ 吴妍春、周红：《中国瓷器与中外经济文化交流》，《丝绸之路》1997 年第 1 期。

⑤ 朱顺龙、李建军：《陶瓷与中国文化》，上海：汉语大词典出版社，2003 年，第 251 ～ 252 页。

⑥ 中国福建省博物馆、日本博多研究会（郑国珍、栗建安、田中克子）：《福州怀安窑贸易陶瓷研究》，《福建文博》1999 年第 2 期。

图 3 福州洪塘窑出土的宋酱釉薄胎陶罐

图 4 龙海洋洋礁沉船出水的宋东张窑黑釉兔毫盏

在日本国传世品中，有一种产自福州洪塘窑，被称为“茶入”的薄胎酱釉茶叶罐(图 3)。它在日本茶道中占有举足轻重的地位，堪称茶道的鼻祖器物，更直接证实了福州作为对外贸易港口与日本之间的密切联系。福建建窑生产的黑釉盏在“斗茶”历史上颇负盛誉，在日本被称为“天目”瓷碗，福清东张窑自宋代始就一直烧制着仿建窑黑釉盏(图 4)。

根据日本陶瓷专家小山富士统计，日本国博物馆、美术馆、寺院及民间所拥有的天目茶碗，数量之繁多、器物之精美是世界上任何国家所无法比拟的，因此他自豪地宣称：日本是世界上收藏天目茶碗的宝库。在这众多的天目茶碗中，建窑及其窑系的作品占据了显著的地位，除了佛教僧人携带的以外，批量地输入日本，是通过福州海上贸易输出的⑦。值得一提的是，“在日本博多地区有一件黑釉茶碗，底部墨书有‘张纲’，这件茶碗灰胎薄釉，造型作捺腰式束口碗，应属于福清东张窑特征。系东张窑仿建窑的黑釉盏烧制的”⑧。这说明当时东张窑的黑釉盏已与建窑的黑釉盏一起远销日本，在日本陶瓷市场一同销售。有市场需求，才有货源的供应。在市场供不应求的情况下，各地仿制品也就应运而生，当时地处沿海的福州海上交通便利，故瓷器烧制者利用这一便利的交通条件，烧制质量好的仿建窑黑釉盏，销售到日本等海外市场，一方面补充陶瓷市场的资源不足，满足收藏爱好者的需要，另一方面也能使陶瓷烧制商获取相应的利润，这是符合当时国际陶瓷市场规律的。根据近些年的考古发掘资料看，与东张窑同

⑦ 叶文程、林忠干：《建窑瓷鉴定与鉴赏》，南昌：江西美术出版社，2000 年，第 74 页。
⑧ 同注 ⑦，第 81 页。

时期的闽侯、连江、宦溪等窑厂，也在烧制仿建窑的黑釉盏。这些分布在福州地区的各窑厂所生产出来的瓷器，无论是仿龙泉窑的青瓷，还是仿建窑的黑釉盏，或者是自己设计烧制的日常用品，在国外陶瓷市场上也同样备受消费者和收藏者的青睐，为福州"海上丝绸之路"的发展提供了保障。

三、陆上出土、沉船出水的福州窑口瓷器，见证了福州"海上丝绸之路"之辉煌

考古发掘是佐证历史的最有说服力的第一手实物资料，福州"海上丝绸之路"的陶瓷贸易，从近年来国外出土和沉船中出水的福州窑口瓷器，便可一窥其辉煌历史。

（一）国外出土福州窑口瓷器

1977年2月，由福建省博物院和日本博多研究会联合开展的"福州怀安窑贸易陶瓷研究"课题，对福州怀安窑出土的唐代瓷器与日本九州、博多地区古遗址中出土的部分疑似福州怀安窑瓷器进行了深入比较研究，发现在博多遗址出土的一批被日本学术界称为"越窑系粗制品"的中国外销青瓷器，其中大部分为唐、五代福州怀安窑的产品。而后双方分别在两国以中、日文发表题为"福州怀安窑贸易陶瓷研究"的报告，将福州怀安窑址、福州城市遗址以及日本博多遗址发掘出土的怀安窑陶瓷器集中作了分析和比较，对怀安窑陶瓷器的生产、外销、消费等问题进行了初步的探讨和研究[⑨]。

近年来，为配合福州城市建设而开展了一系列抢救性考古发掘，其中宋元时期地层遗址中出土有一类薄胎酱釉陶器，胎色灰、灰褐，胎质致密，器表施酱釉或黑釉，常见流釉痕，底面无釉露胎，多数底面有线切痕。这些薄胎酱釉陶器与日本茶道中称为"唐物茶入"的大部分器物相同，原是存放茶末用的小罐。"唐物茶入"传入日本后，在日本茶道中具有很高的地位，其中大部分可以证实是福州洪塘窑的产品[⑩]。

而产自连江浦口窑的陶瓷器，以青釉最多，同时还烧制青白瓷和少量黑釉器，所烧制的碗、盘、碟、钵、洗、罐、炉、执壶、香熏等器物造型规整，釉面均匀光润，装饰图案清晰，是一处规模大、品种较多的主要古窑址，所生产的陶瓷器远销海外，目前日本的博多遗址及冲绳等地的遗址都发现有连江浦口窑的器物[⑪]。

福清东张窑所烧制的仿建窑黑釉盏，在福建莆田林泉院、福清少林院、泉州清净寺等宋元时期的文化堆积层中有发现，在台湾澎湖列岛及广东深圳也发现此类器物。而日本的南西旧卧列岛、博多遗址、镰仓市等古遗址也发现有仿建盏的东张窑的黑釉瓷器。据此可知，东张窑的仿建盏产品从中国大陆东南沿海地区的寺院、码头、岛屿以及日本列岛、东南亚的印度尼西亚爪哇岛等地都有发现，说明它有广泛的市场[⑫]。

⑨ 中国福建省博物馆、日本博多研究会（郑国珍、栗建安、田中克子）：《福州怀安窑贸易陶瓷研究》，《福建文博》1999年第2期。

⑩ 栗建安：《福建古代外销瓷窑址的考古发现与研究》，《中国古陶瓷研究》第14辑，北京：紫禁城出版社，2008年。

⑪ 同注⑩。

⑫ 叶文程、林忠干：《建窑瓷鉴定与鉴赏》，南昌：江西美术出版社，2000年，第83页。

林仁川《大陆与台湾的历史渊源》说："福州同澎湖、台湾早有贸易往来。近年在澎湖、台湾出土了许多宋元时期的瓷器，其中有连江浦口窑的宋代印花青瓷和闽侯县油窑的印花青瓷残片，说明当时福州商人从福州港贩运瓷器到澎湖、台湾。"⑬

（二）沉船遗址出水的福州窑口瓷器

1. 连江定海"白礁一号"沉船遗址

1989年以来，中外水下考古工作者先后三次在连江定海湾海域开展水下考古调查勘测与发掘工作，发现了"白礁一号"、"白礁二号"、大埕渣、龙翁屿、金沙等沉船遗址，出水宋、元、明、清等不同历史时期的瓷器、铁器、铜器等沉船文物标本4000多件。经过上述调查与发掘，从"白礁一号"沉船遗址出水了一批陶瓷器，大多数是黑釉盏。这批黑釉盏的形制相似，规格、尺寸相近，应是仿建窑兔毫盏的产品。宋元时期，福州地区烧造黑釉盏的窑较多，重要的如福清东张窑、连江浦口窑、闽清义窑、福州亭江长柄窑以及闽侯南屿、鸿尾等窑址⑭（图5）。从胎质、釉色、器形等方面分析、比较，初步认为这批黑釉盏更接近于福州地区窑址的产品，尤其与亭江长柄窑及闽侯南屿、鸿尾等窑址的黑釉盏比较相似⑮。

除黑釉盏外，"白礁一号"沉船遗址还出水一批青白瓷碗，根据相关研究，推断其可能也是周边地区窑口如闽清义窑、亭江长柄窑、福州宦溪窑等的产品⑯。

2. 西沙群岛"华光礁一号"沉船遗址

1988年初至1999年初，中国国家博物馆水下考古研究中心与海南省文物保护管理办公室，组织在西沙群岛的华光礁进行水下考古调查，出水陶瓷器有青瓷、青白瓷、酱黑釉等，均为来自福建各地不同窑口的器物。青白瓷中占大多数的一类是白或灰胎，釉色灰白或白里泛青，器物的口沿内外常见流釉或厚釉。多素面，装饰纹样多为刻划的卷草、花卉、篦点等，有的白釉出筋。器形有碗、盘、瓶、执壶等。此类器物多为福建闽清义窑产品⑰。

3."南海一号"沉船遗址

从1998年开始至2004年，由中国国家博物馆水下考古研究中心组织专

图5 连江"白礁一号"沉船出水的宋东张窑黑釉盏

⑬ 郑剑顺：《福州港》，福州：福建人民出版社，2001年，第29页。

⑭ 栗建安：《福建古窑址考古概述》，《福建历史文化与博物馆学研究》，福州：福建教育出版社，1993年。

⑮ 栗建安：《定海水下文物的发现及其相关问题》，《福建文博·纪念中国水下考古十年专辑》1997年第2期。

⑯ 闽清县文化局、厦门大学人类学系考古专业：《闽清县义窑和青窑调查报告》，《福建文博》1993年第1、2期合刊；栗建安、楼建龙：《福州宦溪窑址调查》，《东南文化·中国古陶瓷研究会1995年会专辑》1995年第3期；福州市文物考古工作队：《福州长柄窑遗址考古收获和认识》，《福建文博》2005年增刊。

⑰ 赵嘉斌：《海上丝绸之路上的中国古代外销瓷——中国水下考古工作与发现》，《中国古陶瓷研究》第14辑，北京：紫禁城出版社，2008年。

图 6 "南海一号"沉船出水保护发掘现场

业人员，对"南海一号"沉船进行水下考古调查。"南海一号"是一艘宋代木质尖底船，全部装载文物约6万件，大部分仍是陶瓷器，其他遗物有铜钱、漆器、铜器、金器等。瓷器中一类为闽清义窑和青窑产品，胎色白、灰白，里外施青白釉，足部、底面无釉露胎；器形有碗、盏、执壶等；装饰多为刻划花，纹样有莲瓣、荷花、卷草等[18]（图 6、7）。

从上述考古出土、沉船遗址出水的福州窑口瓷器来看，这些出土、出水的福州窑口陶瓷器，基本覆盖了福州地区绝大部分的窑厂生产的瓷器品种，充分说明了福州窑厂生产的多种陶瓷器，在我国台湾、澎湖，以及日本、东南亚各国的陶瓷销售市场上占有主要的地位。日本博多、九州等地遗址出土的连江浦口窑、福清东张窑烧制的"茶入"和黑釉盏，表明了福州源远流长的茶文化对日本茶道的影响，日本茶道文化的根源来自福州。而从"华光礁一号""南海一号"出水的福州闽清义窑的青白瓷器来看，早在八百多年前，中国商船就满载着陶瓷、香料沿"海上丝绸之路"南下，这表明早在宋代我国船队就有远航的能力，也证明了中国人此时已经营西沙群岛和南海海域。这两艘满载着福州先民用智慧和勤劳的双手生产出来的精美瓷器的沉船，虽然触礁沉没，没能到达目的地，但这并没有破灭福州先民要把福州陶瓷通过"海上丝绸之路"远销至世界各地的目标和梦想。

图 7 "南海一号"沉船出水的宋闽清窑青白瓷碗

⑱ 赵嘉斌：《海上丝绸之路上的中国古代外销瓷——中国水下考古工作与发现》，《中国古陶瓷研究》第 14 辑，北京：紫禁城出版社，2008 年。

四、优越的地理位置，成就了福州作为“海上丝绸之路”重要陶瓷贸易港

福州地处祖国东南沿海，与台湾隔海相望，自古以来就是中国沿海的重要港口和“海上丝绸之路”的门户。早在西汉时，闽越王无诸就开辟东冶港，开展海外贸易。《后汉书·郑弘传》云：“旧交趾七郡贡献转运皆从东冶海而至。”[19]三国时，吴国曾在福州设典船校尉，负责造船，福州开元寺东直港，当时是船坞，并与夷洲（台湾）、澶洲（今菲律宾）有了海上交通。王审知治闽时，开辟甘棠港，北与渤海、新罗（今朝鲜），南与越南、印度、东南亚各国都有贸易往来，出现了“船到城添外国人”的贸易盛况。唐及五代十国时期，福州港与广州港、扬州港并列，成为中国三大对外贸易港口之一。宋代，福州海外贸易得到进一步的发展，已成为“百货随潮船入市，万家沽酒户垂帘”的繁荣的港口城市。蔡襄《荔枝谱》云：“舟行新罗、日本、琉球、大食之属。”说明这时福州已与日本、阿拉伯诸国有贸易往来。明代，郑和七次下西洋，均在福州长乐太平港停泊候风，补充给养，招添水手，后扬帆出海。近代福州成为五口通商口岸被迫对外开放。

陶瓷作为古代福州港口对外贸易的主要商品，自古以来，一直在福州港的对外贸易中占有主要的地位。据南宋赵彦卫的《云麓漫钞》记载，当时福州设有市舶司，泊船去往31个国家：大食、嘉令、麻辣、新条、甘秠、三佛齐、真腊、三泊、绿洋、登流眉、西棚、罗斛、蒲甘、渤泥、阇婆、占城、目丽、木力千、胡麻巴洞、宾达浓、新洲、佛罗安、朋丰、达逻啼、达磨、波斯兰、麻逸、三屿、蒲哩噜、白蒲迩、高丽[20]。这些泊船，把福州以及福建省内各窑口生产的瓷器、茶叶、丝绸及土特产运往世界各国，换回香料、宝石等商品，连江定海“白礁一号”沉船遗址中出水的陶瓷器，经研究确定当时运往海外的瓷器绝大部分是来自福州地区的窑口，如闽清义窑、福清东张窑、连江浦口窑等。

根据宋代研究海外贸易的重要文献，赵汝适所著的《诸蕃志》[21]记载，当时福建陶瓷器外销情况列表如下：

表一　宋代福建陶瓷器外销情况一览表

陶瓷器种类	输往国家或地区	陶瓷器种类	输往国家或地区
瓷器	占城国	瓷器	麻逸
瓷器	真腊国	青白瓷器	渤泥
瓷器	凌牙斯加	瓷器	三屿
瓷器	佛罗安	粗重盆钵	单马令
瓷器	细兰	瓷器	三佛齐国
青白瓷器	阇婆	瓷器	层拔
瓷器	南毗		

⑲ ［南朝宋］范晔撰，［唐］李贤等注：《后汉书》卷三三，《郑弘传》，北京：中华书局，1965年，第1156页。旧交趾七郡即南海、苍梧、郁林、合浦、交趾、九真、日南，位于广东、广西南部和越南北部，汉武帝时期设置。

⑳ ［宋］赵彦卫撰，傅根清点校：《云麓漫钞》卷五，北京：中华书局，1996年，第88～89页。

㉑ 唐文基主编《福建古代经济史》，福州：福建教育出版社，1995年，第373～374页。

由上表可知陶瓷器外销种类丰富、销售地域范围广泛。

元代陶瓷器外销比宋代更盛，种类也更多，兹将汪大渊所著的《岛夷志略》所载陶瓷器外销情况列表如下：

表二 元代福建外销陶瓷器情况一览表

陶瓷器种类	输往国家或地区	陶瓷器种类	输往国家或地区
青白花碗	三岛	瓷器	彭坑
处器	苏禄	乌瓶、青瓷器	文诞
青瓷花碗	占城	粗碗	千里马
青白处州瓷器、瓦罍	无枝拔	大小水罐	须文那
青瓷器、粗碗	日丽	青器、粗碗	遐来勿
磁器、盘、处州磁、水坛、大瓮	麻里鲁	青白花碗	龙牙犀角
青白花磁器	丁家卢	大小水埕	苏门傍
青白花碗、磁壶、瓶	戎	瓷器	班卒
青白碗	罗卫	青瓷器、粗碗、大小埕瓮	蒲奔
青器	罗斛	处磁、大小水埕、瓮	旧港
青白花碗、大小水埕	东冲古剌	青瓷器、埕器	文老古
青白花器、水埕、小罐	苏洛鬲	处碰器	龙牙门
大小埕	针路	粗碗	灵山
粗碗、青器	淡邈	粗碗、青处器	花面
青碗、大小埕瓮	尖山	青器	勾栏山
青器、埕瓮	八节那间	青白瓷器	朋加剌
磁、瓦瓮，粗碗	啸喷	瓦瓶	万年港
青白花碗	爪畦	青白花器	天堂
粗碗	淡洋	青白花器	天竺
青白瓷	班达里	青白花碗	丹马令
青器	曼陀郎	青盘、花碗	吉兰丹
青白花碗	喃巫哩	青白器、瓷瓶	甘埋里
青白花碗	加里那	青白花器	小咀喃

从上表中可以看出，元代福建外销陶瓷有青瓷器、青花瓷器和陶器，以青瓷器为主。器形有碗、罐、瓶、壶、埕、瓮、罍、坛等，陶质的坛、瓮、罐、壶、埕等也大量外销，销售的国家和地区已达四五十个。这些陶瓷器主要是福建本地的产品，也有一些名窑的产品，如浙江处州龙泉窑、江西景德镇窑、吉州窑等地瓷器也经福建大量外销。

在东亚、东南亚、南亚、西亚以至非洲的很多地方，都发现有宋元时期福建的陶瓷器[22]。

㉒ 唐文基主编《福建古代经济史》，福州：福建教育出版社，1995年，第373～374页。

元代著名旅行家马可·波罗经过福州，这样描述福州当时的贸易盛况："有一条大江（即闽江）穿城而过。江面宽一点六公里，两岸簇立着庞大、漂亮的建筑物。在这些建筑物前面停泊着大批的船只，满载着商品，特别是糖。因为这里也制造大量的食糖。许多商船从印度驶达这个港口。印度商人带着各色品种的珍珠宝石，运来这里出售，获得巨大的利润。……这里各种物资供应充足，还有许多爽心悦目的园林，出产优质美味的瓜果。"㉓这些商船在福州港卸下运来的贸易货物后，从福州港载回陶瓷、丝绸、茶叶、福州土特产等商品回国交易。

在马可·波罗的描写中可以看到，元代的福州城美丽富饶、经济繁荣，尤其是海外贸易事业特别兴盛，外国船舶众多，外商的交易活动很活跃。到了明代，福州港一跃成为海外贸易的中心，郑和七下西洋，驻泊长乐港，后扬帆出海，使福州港实现了从走向海洋向跨越海洋飞跃，拉近了福州与世界的距离。与此同时，福州作为对琉球贸易的直航港口，实际上承担着受朝廷委托的中国对琉球贸易的任务。当时琉球来榕贸易的船只可通过闽江口，直接开到城内的柔远驿（即专门负责对琉球贸易的接待机构）。如明正德十四年（1519年）八月十七日，琉球国发往佛太泥的航行执照上就明确写着："琉球国中山王见为进贡等事。切照本国物产稀少，缺乏贡物，深为未便。为此。今遣正使马勃度，通事郑昊，坐驾宇字号海船壹只，装载瓷器等货，前往佛太泥出产地面，两平收买苏木、胡椒等物回国，预备下年进贡大明天朝……"㉔而琉球从中国携往海外诸国贸易的物品，其中绝大部分是福州生产的各种纺织工艺品、瓷器(大小青盘、大小青碗)、漆器（漆盘、漆盏）等。由于这种特定的历史环境和贸易关系，使福州港的历史地位达到了前所未有的高峰。

五、东南福地的控海咽喉，奠定了福州之"海上丝绸之路"重要陶瓷贸易转运港地位

福州地处中国东南沿海，海岸线长，海洋资源丰富，在南北海上交通中处于控喉地带。在中国"海上丝绸之路"贸易航线中，北有宁波、南京、扬州、蓬莱等港口，南有泉州、厦门、漳州、广州、北海等港口，港口地理位置重要，是联系南北各港口的枢纽港，承担着重要陶瓷外销转运任务。同时福州港港区范围大，腹地阔，包括汉代东冶港，唐、五代甘棠港，宋代乌猪港，明代太平港等，形成了福州港区的港口链体系。如宋代怀安古码头除承担怀安窑陶瓷器外运外，大多闽北其他窑口烧造的陶瓷器也通过怀安窑古码头，转运出港。因此在宋代，随着福州逐渐成为闽境政治、经济、文化的中心，雄踞江中、紧临福州城的怀安村成了沟通闽江流域、远达海外的重要货物集散枢纽，村头的芋原驿"舟航云集"，南下入海、北溯诸县的船只络绎不绝㉕。宋朱熹的《石岊江行》诗云："停骖石岊馆，解缆清江滨，中流棹歌发，

㉓ 陈开俊等译：《马可·波罗游记》第2卷第8章，福州：福建科学技术出版社，1981年。

㉔ 《历代宝案》第1集，卷42。

㉕ 中国福建省博物馆、日本博多研究会（郑国珍、栗建安、田中克子）：《福州怀安窑贸易陶瓷研究》，《福建文博》1999年第2期。

天风水生鳞；……”以及《晚发怀安》“挂帆望烟渚，整棹别津亭，风水云已便，我行安得停”[26]等诗句，这些都反映出“怀安”在古代闽江交通的重要地位，是当时进出福州城的重要中转站。迄今，当年的石码头犹存。日本出土的怀安窑生产的越窑系粗制品，即由此上船扬帆远航。1965 年在福州北郊新店莲花峰南坡斗顶山出土的王审知次子王延钧之妻刘华墓，出土陶制俑 38 件，“唐故燕国明惠夫人彭城刘氏墓志”一方及铜钱等随葬品，其中出土的 3 只孔雀蓝釉瓶，经专家考证，从造型、风格、使用孔雀蓝釉来看，确认为古波斯器物。对比在日本九州的大宰府鸿胪馆遗址等出土的孔雀蓝釉陶器碎片，可推测其器形当与福州五代刘华墓出土的孔雀蓝釉陶瓶相似，应是由福州港转口运到日本九州的产自波斯的舶来品。

关于福建拥有“外夷波斯、安息之货”，转销各地，这在唐代沈亚之的《沈下贤文集》中就已有记载[27]。从近年福州地区沿海的沉船遗址调查情况来看，平潭、福清、长乐、连江、罗源，这些靠海所辖的县海域均有发现沉船遗址，这些海域都属于福州港管辖的港区周边范围，而从已出水的沉船陶瓷器看，每艘船上都装载着不同窑口的陶瓷器，有福州地区、福建省内（如德化窑、建窑等），还有周边邻省，如浙江龙泉窑和江西景德镇窑的陶瓷器等。中外水下考古工作者从 1989 年以来，先后对福建连江定海“白礁一号”沉船遗址进行水下考古调查，出水有青花碗、黑釉盏、陶罐等器物，窑口为福州地区的福清东张窑、闽清义窑、连江浦口窑等，年代为南宋。2007 年，在平潭大练岛的沉船遗址进行抢救性水下考古发掘，出水有龙泉窑青瓷大盘、碗、罐等，窑口为浙江龙泉窑，年代为元末。2008 年，对平潭海域的“白礁二号”沉船遗址进行抢救性水下考古发掘，出水有青花瓷、青花釉里红、蓝釉器等，窑口为景德镇民窑，年代为明代末期。

2005 年 7 至 10 月，在福建省平潭海域发现“碗礁一号”沉船遗址，经抢救性水下考古发掘，出水瓷器 1.7 万多件，系清朝康熙早、中期景德镇窑的产品。大部分为青花瓷器，少量青花釉里红器、单色釉器、五彩器等。瓷器胎质坚硬，胎色洁白，胎釉结合紧密。青花瓷器形有将军罐、大盘、花觚、尊、香炉、罐、碗、深腹杯、中盘、器盖、浅腹碗、小盘、小碗、小杯、粉盒、笔筒、小瓶、小盏、洗等，青花色泽明艳、层次丰富，大件陈设器画工精美，反映清康熙年间景德镇民窑最高的制瓷工艺（图 8）。釉里红仅见于盘和碗，用釉里红点缀于青花图案中。单色釉见于少量的盏、小杯、葫芦瓶等器物。五彩器主要有罐、盘、杯等，因长期浸于海水中，多表面发黑、发灰。“碗礁一号”沉船瓷器中还有一批绘有开光纹样的器物，即所谓的“克拉克”瓷，自晚明以来就是著名的外销瓷品种；还有一些器物的图案也与 13 世纪西亚地区银器的造型风格相似，具有浓厚的异域风格。“碗礁一号”沉船青花瓷器的打捞出水，见证了福州港不仅是海上丝绸之路的主要贸易肇始港，同样也是当时瓷器贸易的重要承运港，再现了 300 多年前福州港对外贸易的繁荣景象。值得一提的是，“碗礁一号”沉船系目前发现的唯一一艘装载的外销

㉖ [清]林枫：《榕城考古略》，福州市文物管理委员会，1980 年铅印本，第 74 页。

㉗ 中国福建省博物馆、日本博多研究会（郑国珍、栗建安、田中克子）：《福州怀安窑贸易陶瓷研究》，《福建文博》1999 年第 2 期。

瓷全部产自一个窑口的沉船，这是十分难得的。

以上这些沉船出水的瓷器，证明了在经历宋、元、明、清各朝代，时间跨度长达700多年里，福州港从不间断地承担着福州本地窑口和来自江西景德镇窑、浙江龙泉窑等窑口烧制陶瓷器的外销转运任务。闽北的青瓷窑业“处于闽江上游，其窑业产品顺流而下至福州，出闽江口再转往泉州港外销是完全可能的。龙泉窑近在毗邻，因此不排除一部分龙泉窑瓷器也走这条便捷的运输路线的可能性”[28]。而景德镇的陶瓷产品主要经“赣江入鄱阳湖，由长江干流往下经明州外销出海；由铅山河口镇，穿越福建武夷山过崇安，进入闽江的上游建溪，或者由王虎打关经过光泽、邵武，进入闽江上游的富屯溪。这两条路线都是从赣东南进入闽江上游，再用船下运至福州出海（“碗礁一号”瓷器外销所走路线）”[29]。而“碗礁一号”“碗礁二号”“大练岛一号”沉船遗址都在闽江口以南的海路航道上，沉船上满载龙泉窑、景德镇民窑的瓷器。古代陶瓷器的运输，往往以水路为经济、便捷。“福建东北部与浙江、江西接壤，龙泉窑主要产区的大窑窑区，经过很短的陆路，即可进入闽江水系的上游。景德镇属信江水系，与闽江水系的上游邻近，可经过一段较短的陆路转路闽江，顺江而下出闽江口入海，是通往华南沿海进而前往海外距离最近的通道；绕道其他的路线（如长江口和经宁波港）则显路途遥远。因此，闽江水路有可能是一条传统的联系景德镇窑、龙泉窑和闽江流域窑址的非常重要的贸易陶瓷外销路线”[30]。由闽江水路转运景德镇、龙泉窑陶瓷，正是他们当时首选的捷径，也是一条历史悠久的传统线路。自宋元开始，经历明清而从不间断。从青白瓷到青花瓷，依托闽江水道，大量景德镇、龙泉窑的陶瓷器销往世界多国。“碗礁一号”等沉船应是当时繁荣的福州港转运陶瓷外销盛况的重要历史见证。

图8 “碗礁一号”沉船出水的清康熙青花缠枝纹盖罐

概而论之，福州“海上丝绸之路”是中国“海上丝绸之路”重要的航线之一，福州港的陶瓷外销承载着我国东南沿海古代海洋社会经济史、中外海洋交通史等研究领域众多的信息和资料。而福州海域沉船遗址出水的瓷器，为福州“海上丝绸之路”研究提供更多的实物资料。《海捞瓷收藏与鉴赏》一书写道：“对于海捞瓷的研究者和探索者来说，面对着成千上万的出水瓷器，他们的着眼点并不在于海捞瓷本身的真伪，而在于海捞瓷所带出水的文明信息，在于海捞瓷所携带的中国陶瓷史之谜，在于海捞瓷所显示的中外商贸史，在于海捞瓷所反映的海上丝绸之路的盛况，在于古代沉船所揭示的中古文明的海上航线，在于海捞瓷所要告诉我们的中外文明交流和古代中国和世界各国交流的历史，在于我们不知道的古代中国甚至古代世界史。”[31]因此，我们从福州古代窑址分布、烧制陶瓷的情况，结合福州沿海沉船遗址出水陶瓷情况，并对照有关文献记载，以及沉船所要到达的海外目的地的方向和航线进行综合对比研究，为福州古代陶瓷生产、转运、外销的过程研究，为福州“海上丝绸之路”研究提供更多的新信息、新资料、新探索、新课题。

[28] 周春水：《从碗礁一号沉船看闽江水路的陶瓷器外销》，《中国古陶瓷研究》第14辑，北京：紫禁城出版社，2008年。

[29] 栗建安：《西沙群岛水下考古调查发现陶瓷器的相关问题》，《西沙水下考古1998~1999》，北京：科学出版社，2006年。

[30] 赵嘉斌：《海上丝绸之路上的中国古代外销瓷——中国水下考古工作与发现》，《中国古陶瓷研究》第14辑，北京：紫禁城出版社，2008年。

[31] 陈逸民、陈莺：《海捞瓷收藏与鉴赏》，上海大学出版社，2013年，第4页。

『「碗礁一号」沉船出水文物大展』策展思考与实践

毛敏　中国航海博物馆陈展部副主任、博士

“器成走天下‘碗礁一号’沉船出水文物大展”（以下简称“碗礁一号”展）是中国航海物馆和福州市博物馆两馆精诚合作，于2019年6月推出的重要展览。具体说来，则由福州市博物馆提供藏品和相关资料，中国航海博物馆负责文本撰写、形式设计，以及图录编写、文创产品开发、社会教育活动、学术讲座等衍生产品，力求共同打造迄今规模最大、文物最多、内容最丰的“碗礁一号”主题展览。

中国航海博物馆是以“航海”为主题的专题性博物馆，致力于通过优质展览，讲好中国航海故事、增强航海科技自信、助推航海文化复兴。精品临时展览尤其是精品系列展览的打造，是我们孜孜以求的目标，经反复思考研究，“沉船主题”成为我们重点打造的系列展览之一。而此次“碗礁一号”展，正是我馆“沉船主题”系列展览的第一展。

“沉船主题”展览并不罕见，国内发现的“南海一号”“华光礁一号”“南澳一号”“蓬莱沉船”“后渚港沉船”“致远舰”等或作为基本陈列，或举办过临时展览，境外印度尼西亚“黑石号”，韩国“新安”，马来西亚“万历号”，越南“头顿”“金瓯”等沉船也来国内举办过展览。2013年我国提出“一带一路”倡议以来，“海上丝绸之路”相关展览备受重视，而作为“海上丝绸之路”最直接、最真实的见证，沉船及其出水文物更为炙手可热，由福建博物院牵头举办的“丝路帆远：海上丝绸之路文物精品七省联展”，将沉船作为重要展示内容；由广东省博物馆举办的“牵星过洋：万历时代的海贸传奇”，将同处明万历时期的“南澳一号”和“万历号”沉船融合在一个展览当中进行展示；由南京市博物总馆、宁波博物馆、中国航海博物馆共同主办的“CHINA与世界：海上丝绸之路沉船与贸易瓷器大展”，更是集结了国内外11艘沉船相关文物。以上多个展览都进入了相应年度“全国博物馆十大陈列展览精品奖”的终评，体现了业界和社会对这一主题展览的高度认可。

珠玉在前，我们为何选择“碗礁一号”作为首展，在策展过程中，我们又是如何通过展示内容和形式设计的选择，来诠释“碗礁一号”沉船及其文物所蕴含的历史、艺术和文化内涵，这是本文试图去揭示的。

一、选题缘起

2018年，在筹办“CHINA与世界”展览的过程中，我就感受到用一个展览将诸多沉船及其出水文物进行集中展示，难以深刻揭示每艘沉船所具有的深刻内涵。每一艘沉船时代、地点、航线、船体各不相同，每艘沉船出水文物往往数以万计，完全应当通过一个展览进行系统展示。而中国及周边海域发现沉船众多（图1），“三道岗沉船”“大练岛一号”“碗礁一号”“小白礁一号”“半洋礁一号”等都是非常适宜的展览选题。

我曾在福建工作过较长时间，有幸亲身接触到福州市博物馆、福州市

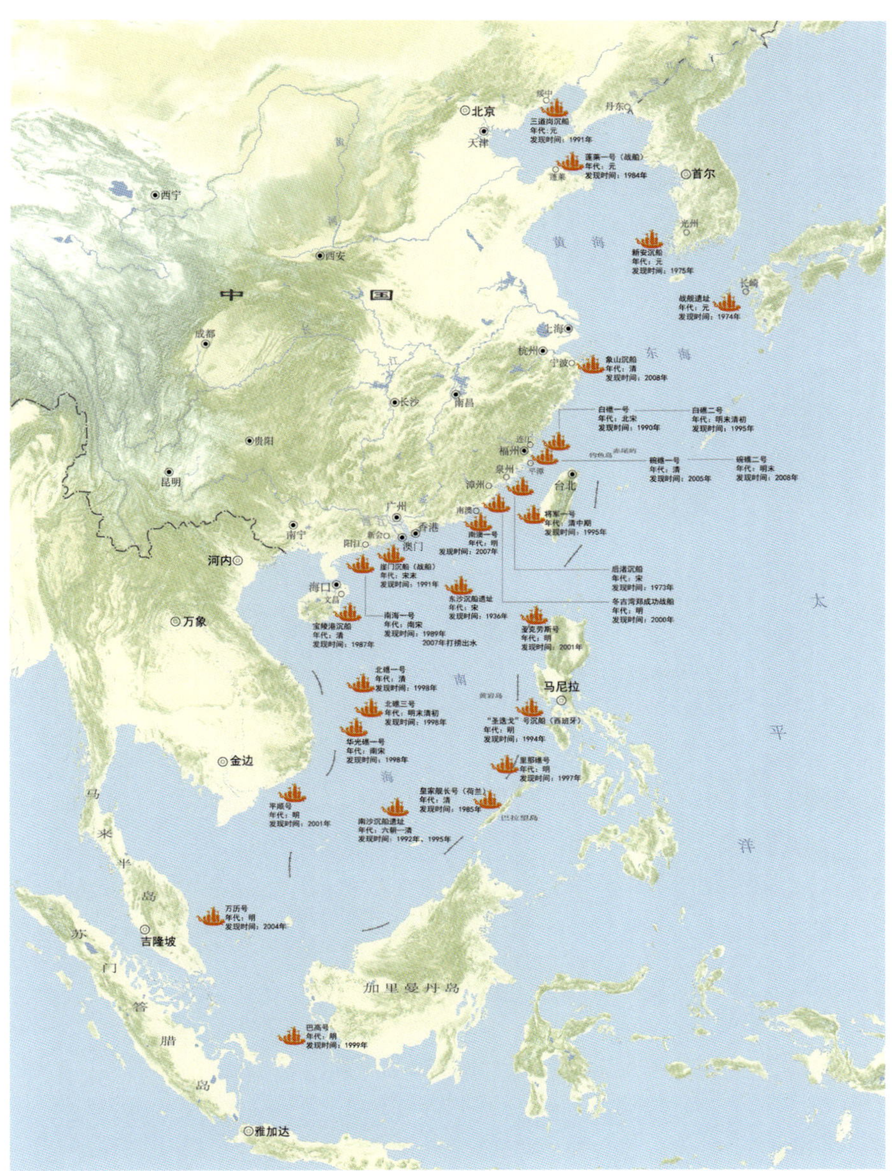

图 1　中国及周边海域古代沉船位置分布图

考古队收藏的"碗礁一号"出水瓷器，亲耳听到水下考古队员讲述"碗礁一号"打捞发掘的故事，对这艘出水了大量清康熙盛世时期景德镇民窑瓷器精品的沉船，有一份特殊的情感。到上海工作后，在筹办"CHINA与世界"展览时，直观感受到"碗礁一号"出水瓷器胎质细腻、釉色独特、器形多样、纹饰丰富，仅就品相而言，其他沉船出水的文物难出其右。

我在与福州市博物馆同仁交流过程中了解到，2005 年"碗礁一号"发掘工作完成以后，出水瓷器中约 800 件精品很快为中国国家博物馆收藏，剩余瓷器主要由福州市考古队和福州市博物馆收藏。2016 年 2 月，"'碗礁一号'沉船出水文物精品展"在福州市博物馆举办，此次展览实质为"考古成果展"。自 2012 年始，福州市博物馆举办的"海丝遗珍：'碗礁一号'出水瓷器展”先后在全国十余个地级市博物馆展出。由上，虽然“碗礁一号”出水文物举办过多次展览，但或为“考古成果展”，或为小型的“出水瓷器展”，尚未举办过大型主题展览。

以上无论是出水文物的精美，还是大型主题展览的缺失，仅是让“碗礁一号”进入我们的选题视野，而最终决定将“碗礁一号”作为“沉船主题”系列展览的首展，其更深刻的原因在于，“碗礁一号”沉船地处古代“海上丝绸之路”航线，其出水瓷器中蕴含大量的“异域元素”，“和平合作、开放包容、互学互鉴、互利共赢”的“丝路精神”得以深刻体现，这在当前“一带一路”倡议的时代背景下，具有非常重要的现实意义。

二、内容策划

博物馆展览区别于展览馆、规划馆、文化馆等机构，展览的特色或者说优势在于：以文物为依托。但即使有精品文物，也不一定能办出观众认可的展览。习近平同志指出要“讲好中国故事”，对于博物馆展览而言，就是要“讲好中国文物故事”，具体来说则要让观众透物见人、见事、见情，观展过程中有收获、有联想、有启迪，不仅要让观众“愿意听”，还要让观众“听得懂”，这一目标的实现，关键在于展览内容的策划。

本次展览不满足于将出水瓷器分类展示、精品罗列，而是分为三单元，第一单元“碗礁侧畔现沉船”展示沉船考古，告诉观众“船是如何发现的”“船是如何打捞的”；第二单元“海底瓷库惊天下”为主体内容，展示各类代表性瓷器，告诉观众“船中发现了什么”；第三单元“海丝航路千帆竞”展示航路航线和异域元素，告诉观众“船从哪里来”“船到哪里去”，三位一体，共同讲述一个完整的“碗礁一号”沉船故事。

（一）碗礁侧畔现沉船

自1991年我国首次独自开展大型水下考古项目“三道岗沉船”打捞以来，我国水下考古事业获得突飞猛进的发展，但是对于普通观众而言，水下考古依然是一个神秘领域。在茫茫大海中沉船是如何发现的？是潜水员还是考古队员去打捞文物？下潜人员使用什么样的装备？文物在海底经数百年沉淀之后状态如何？打捞文物之余为何还要做测绘工作？出水文物要现场开展文物保护工作还是回到实验室以后再开展？这些问题萦绕在观众心头，我们的展览首先就应该解答这些疑问。

“碗礁侧畔现沉船”分沉船出世、考古纪实、发现船体、出水瓷器、现场保护五节，让观众全方位了解“碗礁一号”考古工作背后的故事。为了真实再现这一场景，我们辗转联系到当年“碗礁一号”水下考古队的部分队员，请他们提供当时留下的珍贵照片和视频，其中包括入水前考古队员布置工作、考古队员做入水前的准备工作、考古队员在水下使用专用探方测绘文物，以及沉船瓷器打捞工作、现场应急文物保护工作等场景。客观来说，这些图片构图一般、背景杂乱、清晰度不足，甚至还有工作人员赤膊上阵的“不雅照”，达不到展示要求。但我们反复权衡之后还是决定展出这些简陋的照片，我们认为通过这些照片可以让观众穿越时空，了解当时真实的“碗礁一号”沉船考古故事，而这，也许是观众最感兴趣的。

在第一单元我们还展示了5件(套)展品，其中4件分别是沉船构件、五彩葵口深腹杯1组9件、五彩葵口深腹杯1组10件、压舱石1组3件(图2)。这些展品的发现具有偶然性，我们在前往福州市考古队标本库房挑选展品时，在角落里发现了一个整理箱，里面除了一些残破严重的标本外，就有以上展品。显然这些展品被认为不够重要而久未开封，整理箱外满布灰尘，但我们却如获珍宝、兴奋不已。沉船构件虽然腐朽不堪，却显示了船体为海水浸泡以及海底微生物侵蚀后的状况，层叠的深腹杯之间尚存纸质物(图版3、4)，应当是当年运输瓷器时包装所用；压舱石看上去和普通的鹅卵石无异，却是当时航海技术的见证。也许在考古工作者眼中这些展品价值并不高，但对于博物馆展示，却是弥足珍贵的。

对于沉船考古而言，其发现大致可归为两类，一类是船体本身，另一类

图2 第一单元部分展品

是船上所载货物。“碗礁一号”沉船船体保存状况不佳，推测船长 18～20 米，船宽 4～5 米，船体自甲板以上部分和桅、舵、帆、锭等均已不存，仅知其头部尖，尾部较平。船内有 15 道隔舱板，肋骨只在个别舱发现，龙骨剖面呈“凸”字形。根据龙骨结构可知“碗礁一号”应当是一艘福船，又由于其结构细长，与大型海船有异，学者推测应当是一艘军改民用的“赶缯船”（相关研究见本书所载刘义杰先生所撰《“碗礁一号”沉船船型及航路试析》）。有鉴于此，我们精心挑选了一件馆藏“福船模型”，这也是展览当中唯一一件来自中国航海博物馆的展品，从中可以一窥中国古代优良船型的面貌。至于船上所载货物，则在展览第二单元进行展示。

（二）海底瓷库惊天下

“碗礁一号”沉船遗址出水的瓷器总量不下 4 万件，大部分为不法分子所盗走，考古工作人员从中打捞出水约 1.7 万件，除去中国国家博物馆调走的 800 余件，剩余约 1.6 万件全部为福州市博物馆和福州市考古队所收藏。如何从大量的出水文物中挑选出适合此次展览的展品，是我们首先要解决的难题。

沉船出水器物由于沉没之时受外力冲击，在海底受海水浸泡和微生物侵蚀，往往残器居多，且釉面受损，“碗礁一号”沉船更惨遭盗捞，器形完整、品相上佳者寥寥。如果我们将展览定位为“精品展”，则许多器物难以纳入展示范畴。经反复思考后，我们制定了“全面展示、兼顾品相”的工作方针，即不执着于精品展示，而是力求全面、系统反映“碗礁一号”出水文物的全貌。以青花人物纹盘为例，虽然是残器（图 3），我们依然将其挑选出来进行展示。此外我们还挑选了多件带有海底黏结物的瓷器，例如一件经修补过的五彩开光博古花卉纹罐（图 4），其上残留多处尚未清理的海底黏结物，却生

图 3 青花人物纹盘

图 4 五彩开光博古花卉纹罐

图 5　展厅内景

动体现了其来自沉船的特色。

"碗礁一号"沉船出水瓷器全部来自于同一个窑口，即为景德镇民窑产品，其时代为清康熙时期。一艘沉船上的产品同属一个窑口，在目前发现的沉船中仅此一例，独具特色。康熙年间的瓷器品质上佳，"碗礁一号"沉船出水瓷器虽然不是官窑产品，但题材丰富、生动活泼，具有独特的展示效果。我们展览名称定为"器成走天下"，灵感也正是来源于此，《浮梁县志》中记载："景德产佳瓷，产瓷不产手，工匠四方来，器成天下走。"

"碗礁一号"出水瓷器器形大类主要包括罐、盘、觚、尊、炉、碗、杯、盘、碟、盒、瓶、盅、盏、器盖等，除尊和盏外，此次展览将其余器形全部囊括；纹饰大类主要包括山水楼台、草木花卉、珍禽瑞兽、人物故事、陈设供器、吉祥文字等，此次展览全部囊括。正因为将器类和纹饰几乎一网打尽，所以我们将展览副标题定为"出水文物大展"。

一个高水平的展览，既要吸纳最新的研究成果，又能用通俗的语言向观众进行科普，即做到深入浅出。为此，我们收集了"碗礁一号"相关考古报告、论文、图录、视频，又采访了多位"碗礁一号"考古工作亲历者，力求全方位吸纳已有研究成果。在此基础上，一方面，我们设置了"碗礁一号"沉船出水瓷器特色、"碗礁一号"沉船出水瓷器纹饰、将军罐、马蹄杯、云龙纹等 40 余个图文版（图 5）；另一方面，为弥补少量器物未参加此次展览的遗憾，我们将其高清照片制作成图文版进行展示，从而让观众获取最新、最全的“碗礁一号”相关知识。

展品、展板都已经到位，接下来就是如何安排器物摆放次序了。我们按照文物展示的传统方式，即先按釉色分为“墨分五色青花瓷”“万绿丛中一点红”“色釉青花两相宜”“绚丽多姿五彩瓷”，即青花瓷、釉里红、色釉瓷和五彩瓷四个部分，每个部分下面再按器形分类，器形下面又按纹饰分类排列。每一种釉色、每一种器形、每一种纹饰都辅以相关的图文说明，使该单元在充分重视局部展示的基础上，在整体上又浑然一体。

（三）海丝航路千帆竞

我们策划此次展览的初衷，除了让观众了解“碗礁一号”沉船的考古发掘故事，沉船出水瓷器的魅力，还想让观众了解“海上丝绸之路”的繁荣气象，进而感悟文明交流互鉴的“丝路精神”。

“碗礁一号”沉没于闽江口以南的近岸海域，从地理位置上看,福建北部与江西接壤,闽江水系的上游，与属于长江流域的信江水系邻近,自信江经过一段较短的陆路转入闽江，是通往华南沿海和东南亚的距离最近的通道，这也是一条传统的景德镇陶瓷器外销路线。“碗礁一号”沉船的瓷器可能是因袭了传统的景德镇陶瓷外销路线，沿闽江水路入海出洋的。“碗礁一号”沉没在海坛海峡中，在同一海峡，先后发现了五代的分流尾屿沉船、宋代的大练岛西南屿沉船（“大练岛二号”沉船）、元代的“大练岛一号”沉船、明代中期的老牛礁沉船、明代晚期的“九梁一号”沉船，充分反映了“碗礁一号”

图 6 “碗礁一号”沉船出水微缩瓷器一组

图 7　越南"头顿"沉船出水"清康熙青花婴戏荷莲图瓶"

图 8　越南"头顿"沉船出水"清康熙青花仕女图瓶"

图 9　越南"头顿"沉船出水"清康熙青花折枝藤纹花觚"

图 10　英国国立维多利亚与阿尔伯特博物馆收藏的青花雏菊纹菱口盘

图 11　"半洋礁一号"沉船出水清康熙景德镇窑青花雏菊纹盘

的沉没地点，应当位于古代"海上丝绸之路"中的重要航线上。

"碗礁一号"所载景德镇瓷器中包含有"巴达维亚瓷"、雏菊纹瓷盘、微缩瓷器、高足盖杯等富有异域元素的外销瓷，而这些外销瓷，在越南"头顿"和"金瓯"沉船，以及欧洲博物馆的收藏中都可以见到相似产品。

以微缩瓷器为例，其以各式瓶为主，尺寸多数在 10 厘米左右，器形小巧、纹饰精美，"麻雀虽小，五脏俱全"，是这类微型瓷器的真实写照，学者认为可能是为"娃娃屋"配备的陈设品（图 6）。17 世纪晚期，荷兰的贵妇们追逐着一种时尚，就是用微缩的家具、织品和瓷器来装饰房屋模型。这类"娃娃屋"并不是孩子们的玩具，而是用来向客人和亲友们炫耀的昂贵展示品。此类微缩瓷器在越南"头顿"沉船也有出水，在英国国立维多利亚与阿尔伯特博物馆有所收藏（图 7、8、9）。

以雏菊纹盘为例，雏菊纹被认为描绘的是地中海沿海的一种花卉，在 16 世纪后期传入欧洲，并为欧洲人民所喜爱，是明晚期以来著名的外销瓷品种。"碗礁一号"出水了大量雏菊纹盘，土耳其托普卡比宫、英国维多利亚与阿尔伯特博物馆（图 10）、荷兰国立博物馆都收藏有相似的雏菊纹盘，以及福建龙海半洋礁海域也出水有相似的器物（图 11）。在中东的巴林也出土有这种青花瓷盘残器。

有鉴于此，我们将“碗礁一号”出水的典型外销瓷器，与其他沉船或国外博物馆收藏的类似瓷器图片进行对比，从而让观众直观理解“海上丝绸之路”所带来的东西方贸易往来和文化交流。

三、形式设计

本次展览展示主体是瓷器，但这些瓷器不同于一般的瓷器，其全部来自于沉船出水，作为策展人员，我们希望观众始终在沉船的背景下去参观、了解这些瓷器及背后的故事，这就对形式设计提出了氛围营造的要求。

在尚未进入展厅之前，我们就在斜坡通道上面通过大幅写真画面、瓷器墙、水纹灯，营造海洋氛围（图 12），在序厅处更是搭建了一个船舱，观众从斜坡通道进入船舱，仿佛进入了海底沉船的世界（图 13－1）。船舱尽头通过写真画面和投影的虚实结合，复原沉船考古场景；船舱一侧为“文创船舱”，为展览配套的文创商店所在，另一侧为“瓷器船舱”，由此即可进入展厅。通过以上设计，我们将海洋、沉船、考古、瓷器等元素融为一体，让观众心有所感后再进入展厅。

图 12 展厅坡道场景

在展厅内我们重点营造优雅的瓷器之美。“碗礁一号”出水瓷器绝大多数为青花瓷器，而清康熙年间的青花瓷所用青料呈现出五个层次的色阶，即“头浓、正浓、二浓、正淡、影淡”，所谓“墨分五色”，纹饰浓淡深浅、层次分明，这也是康熙青花享誉盛名、备受推崇的重要原因。“碗礁一号”出水瓷器大多制作规整、线条流畅、工艺讲究，大型瓷器浑厚奇伟，小件器物玲珑剔透、巧夺天工。由此，我们提取瓷器当中的重要器形、重点纹饰，通过写真、隔山、造型、版面等途径，在展厅内重点营造蓝色的优雅氛围（图 13－2）。

从展示角度出发，此次展品有一个小小的缺陷，那就是器形偏小，例如杯、碟、浅腹碗等，最大径在 15 厘米左右，为突破这一限制，我们在柜内体块、灯光、展具、展托方面下了很大功夫，力求将展品置于观众的最

图 13 展厅部分场景

佳视角，同时注重展品的组合展示，例如将同类器物正反摆放、上下错落，形成较好的展示效果（图 13－3）。

此次展览我们有一个大胆的尝试，那就是将少量瓷器进行裸展。传统的展品展示方式是柜内展示，观众只能远观而无法近距离接触。此次展览我们将四件展品放置在沙盘中进行展示，观众可以亲手拿起展品感受其釉色、胎质和纹饰（图 13－4）。这一突破性展示方式受到观众的热捧，当然，为了保护展品，我们也设置了多重安全保护措施。

除此之外，我们还在展厅里设置了视频，观众可以从中了解“碗礁一号”考古发掘的故事；我们设置了互动式触摸屏，观众可以从中获取更多展览相关的知识；我们设置了文创商店并和展厅相连，让观众可以在观展之余，将展览的记忆带回家；我们配套展览举办了学术讲座，让专家为公众讲述“碗礁一号”相关最新研究成果；我们编辑展览图录，让无法来到现场观展的民众可以领略"碗礁一号"展品的风采，也为专家学者的再研究提供资料；配套展览我们还举办了多种形式的社会教育活动，让孩子们在游戏娱乐之中获取展览信息。

四、展后长思

首先，此次展览可作为博物馆举办展览的一个典型范例。自 2008 年我国推行博物馆免费开放政策以来，我国博物馆事业迎来发展的黄金十年，博物馆数量从 1798 座增长为 5354 座，博物馆事业发展的迅猛之势引发世界范围内的广泛关注。但一个不可忽视的事实是，这些新建的博物馆由于客观原因，普遍存在藏品匮乏现象，"物"是博物馆开展业务的基础和核心，缺乏藏品使得博物馆的展览缺乏社会竞争性和影响力，这一难题成为制约博物馆事业发展的瓶颈。而一些大型、综合类国有博物馆，藏品数量达数万到数十万件，由于展示空间和展览数量的限制，许多藏品常年封存于库房，观众难以一睹其貌。

中国航海博物馆自 2005 年筹建以来，高度重视文物征集和保管工作，目前已有藏品十余万件，但客观来说，这些藏品时代多属于近现代，在古代文物尤其是珍贵文物收藏方面始终难以突破，这就给我们博物馆举办古代历史、科技、艺术类展览带来制约。

此次举办"碗礁一号"展览，我们采用了一种新的策展模式，即由我馆提出展览创意，并策划展览内容、设计和相关产品，但藏品几乎都来自外借。由此，中国航海博物馆和福州市博物馆发挥各自的策展和藏品优势，共同保障了此次展览的成功举办。

我们认为，"碗礁一号"展览这一案例，为博物馆尤其是藏品不够丰富的博物馆举办展览提供了一种模式，那就是各取所长、合作共赢，而这一模式，也是响应习近平同志"让文物活起来"指示的重要举措。

其次，博物馆应当重视"系列展览"品牌的打造。随着博物馆事业的蓬勃发展，博物馆展览数量也呈井喷式增长，2018 年，我国博物馆举办各类展览约 2.6 万个，可谓琳琅满目、异彩纷呈，如何在众多的展览中脱颖而出，除了要打造符合馆情的博物馆展览，例如各区域综合性博物馆多关注区域范围内的特色主题展览；专题博物馆围绕专题深入发掘；民办博物馆侧重于自身的藏品特色等，还应该高度重视"系列展览"的打造，如此不仅可以加深民众对博物馆的辨识度，也可以因展览特色而屹立于博物馆之林。

上海博物馆和广东省博物馆，是近年来我国博物馆界在举办展览方面颇为成功的博物馆，他们都打造了自己的"系列展览"。上海博物馆提出过六大特展类型，即"世界古文明系列展""中国边远省份和文物大省文物精品系列展""中外文物艺术名品展""馆藏文物珍品和捐赠文物展""馆内外文物结合专题展"和"围绕人物主题的艺术性展览"。广东省博物馆也有六大临展体系，即“世界文明系列”“世界艺术系列”“中国文明系列”“中国艺术系列”“粤艺天工系列”和“自然系列”。

作为国家级的航海博物馆，近年来我们也力求在“系列展览”方面有所突破，“沉船”是我们拟打造的第一个系列主题展览。从展示效果来看，在2018年举办“CHINA与世界”展览后，又举办“碗礁一号”展览，我们曾隐约担心观众会不会感到“枯燥”，但事实证明这种忧虑是多余的，开展以来，观众参观热情高涨，尤其是不少专家学者预约来看此次展览，我想这应该就是“系列展览”所引发的复合效应吧。

最后谈一点作为策展人的遗憾，那就是“碗礁一号”出水瓷器虽然绝大多数都收藏于福州市博物馆和福州市考古队，但其中不少精品却为中国国家博物馆收藏。此次展览策展之初，我们也计划尝试从中国国家博物馆借展，但由于展览档期的问题，最终未能成行，使得部分“碗礁一号”出水精品未能在此次展览中展出。每次展览开幕以后，作为策展人员我们都会反思展览的不足，以期在下一个展览当中吸纳改进，但这一遗憾，恐永远难以弥补，不禁感叹再三。

图版

PLATE

碗礁侧畔现沉船

DISCOVERY OF THE WAN REEF Ⅰ SHIPWRECK

『碗礁一号』沉船位于福建省福州市平潭屿头乡北侧碗礁附近，2005年被发现并进行水下考古发掘，发现沉船船体及各类瓷器1.7万多件，其中发现了大量风格属清康熙中期的青花瓷器。经专家推测，『碗礁一号』沉船沉没年代约在清康熙中期，即17世纪末18世纪初。

The Wan Reef Ⅰ shipwreck was discovered near the Wan reef, which is located to the north of Yutou village in Pingtan, Fuzhou. It was found in 2005 and archaeologists conducted underwater excavation at the site in the same year. The remnants of the ship and more than 17000 pieces of porcelain were salvaged, most of which are blue-and-white porcelain of the mid Kangxi period. According to the experts, the Wan Reef Ⅰ shipwreck sunk in the middle of the Kangxi reign, roughly the period from the end of the 17th to the early 18th century.

碗礁位于平潭屿头岛东北面约 1000 米处，是一块突出海面约 10 米的礁石。那里暗礁众多，不少船只沉没于此，当地人根据沉船中发现的大宗货物，将这里的海域称作白糖礁、银珠礁、碗礁等，碗礁即因捞起的瓷碗居多而得名。

“碗礁一号”沉船出水瓷器散布在船体表面及周围，大部分都较完整地遗留在沉船的舱内，有的还排列整齐，保持着沉没前的状态。经过水下考古工作者抢救性发掘，共打捞出水瓷器 1.7 万余件，连同失散、被盗、被毁的，“碗礁一号”沉船所载瓷器总量应当在 4 万件以上。

“碗礁一号”出水瓷器的摆放方式：盘是成摞竖放，小碗、杯是成摞侧放，碗、碟是成摞正放或倒扣，青花罐、五彩罐成排摆放在舱底，层层叠加，至少有两层。

“碗礁一号”沉船瓷器打捞出水场景。在部分出水瓷器之间发现有稻壳，说明在装船时，人们有意识地在瓷器中间放入填塞物，减轻瓷器在搬运中的碰撞，以保证瓷器的完整性。此外，还发现一小段棕绳，推测是用来捆扎瓷器的。

1 船体构件
Remnant of the Wreck

"碗礁一号"出水的沉船残体用料多为杉木、樟木等。多年的海水侵蚀以及盗捞者的破坏，使得船体大多已经不复存在，仅残存少量龙骨、船壳、肋骨等构件。

2 福船模型
Fukuyama Model

"碗礁一号"沉船船体残长13.5米、残宽3米。平面近椭圆形，头部尖，船底尖圆，推测船长18~20米，船宽4~5米。根据现存状况推测，"碗礁一号"很可能是一艘福船。

3 五彩葵口深腹杯
Lobed Deep Cups in Enamels

10件。均为五彩深腹杯，杯与杯之间为纸所粘连，此为在船舱装载时成摞侧放的状态。

4 五彩葵口深腹杯
Lobed Deep Cups in Enamels

9件。均为五彩深腹杯，因被海底沉积物附着而连接成一体。

海底瓷库惊天下

PORCELAIN TREASURY UNDER THE SEA

『碗礁一号』沉船出水的瓷器为清康熙中期景德镇民窑产品，累计出水 1.7 万余件，大部分为青花瓷器，少量为青花釉里红器、单色釉器、五彩器等。考古出水瓷器仅仅是『碗礁一号』沉船瓷器的一部分，大部分被不法分子盗走，据估计其总量不下 4 万件，真可谓是一座水下瓷器宝库。

『碗礁一号』出水瓷器胎质坚硬、釉色莹润、器形多样、纹饰丰富，是我国水下考古的重大发现，社会各界为之震惊。

Porcelain retrieved from the Wan Reef Ⅰ shipwreck are products of the Jingdezhen civilian kilns in the mid Kangxi period. The total number amounts to over 17000 pieces. The majority are blue-and-white, accompanied by a few monochromes, enameled wares, and pieces decorated in underglaze blue and red. These findings are only part of the Wan Reef Ⅰ cargo, as the majority had been illegally salvaged, and the estimated volume may exceed 40000 pieces. This wreck is a real treasury of Chinese porcelain under the sea.

The porcelain salvaged from the Wan Reef Ⅰ shipwreck are distinguished for their fine body and lustrous glaze, covering a rich variety of shapes and decorations. It is a significant underwater archaeological discovery in China, drawing wide public attention since then.

“碗礁一号”沉船出水瓷器特色

1 胎釉

“碗礁一号”沉船出水瓷器大多为清康熙中期景德镇民窑精品，这个时期的青花瓷器胎体洁白坚硬，少有杂质，薄厚适中，注重修胎。釉面有粉白和浆白两种，粉白釉面略松，偶有小开片。康熙中期的瓷器质量比早期明显提高，胎釉结合紧密，器内外壁及足底釉色基本一致，胎体偏轻。

2 青料

“碗礁一号”沉船出水瓷器的用料多为云南省的“珠明料”，这种青花色料提炼精纯，鲜蓝青翠，明净艳丽，艳而不俗，有“翠毛蓝”之称。清康熙中期的青花表现出“墨分五色”的特征，所用青料呈现出五个层次的色阶，即“头浓、正浓、二浓、正淡、影淡”，纹饰浓淡深浅层次分明，这也是这一时期青花享誉盛名、备受推崇的重要原因之一。

3 造型

“碗礁一号”沉船出水瓷器的造型千姿百态，仿古创新。这些瓷器大多制作规整、线条流畅、工艺讲究，主要品种有将军罐、大盘、花觚、尊、香炉、罐、碗、深腹杯、中盘、器盖、浅腹碗、小盘、小碗、小杯、盒、笔筒、小瓶、洗等，多为中国传统瓷器样式。大型瓷器浑厚奇伟，小件器物玲珑剔透、巧夺天工。

4 纹饰

“碗礁一号”沉船出水瓷器的纹饰不仅题材广泛、图案布局巧妙合理，更是突破了官窑图案规格化的束缚，形式多样，更加生动活泼，充满了生活气息，具有极高的审美价值。

5 题材

“碗礁一号”沉船出水瓷器在绘画题材上也是丰富多样，以中国传统瓷器装饰纹样为主，有植物、动物、人物故事、山水等，如松石鹤鹿、凤穿牡丹、梅兰竹菊、雉鸡牡丹、洞石花草、花鸟蕉叶、婴童嬉戏、水榭楼台、仕女游园、渔人泛舟、珍禽异兽、杂宝博古等。瓷器上绘山水人物图画，多画法精细，分色层次鲜明，浓淡相宜。画面更讲究意境之美，远山近水，人物泛舟远望，给人空旷豁达之感。

6 款识

“碗礁一号”沉船出水瓷器款识题材虽多，但令人遗憾的是，未有明确年代的款识。款识多为折枝花、洞石兰草、杂宝博古、双鱼嬉戏、方形花押款等。

“碗礁一号”沉船出水瓷器纹饰

山水楼台：远山、近水、江景、楼阁、水榭、湖石等；

草木花卉：松、竹、梅、柳、菊、荷、兰、牡丹、石榴、卷草、折枝花、冰梅纹等；

珍禽瑞兽：凤、鹤、雉、鸟、龙、狮、鹿、马、海兽、松鼠等；

陈设供器：八卦、杂宝、博古、如意、花篮、琴棋书画等；

人物故事：婴戏、蹴鞠、射猎、西厢、水浒、三国、竹林七贤、鹬蚌相争等；

吉祥文字：福、寿等。

雏菊纹

葡萄纹

山水人物纹

缠枝花纹

山水纹

冰梅纹

螭龙纹

奔马纹

凤穿牡丹纹

八卦纹

杂宝纹

博古纹

“鹬蚌相争，渔翁得利”故事图

婴戏图

渔家乐图

戏曲人物图

5 青花开光花卉山水图将军罐

Blue-and-white General Tank with Flowers and Landscape in Panels

通高 58.8 厘米，罐口径 21.4、足径 28 厘米，盖高 10.5、直径 29.5 厘米

Total Height 58.8cm; Diameter at Rim 21.4cm; Diameter at Footing 28cm; Lid Height 10.5cm; Lid Diameter 29.5cm

罐口与盖以子母口扣合。罐直口，矮直颈，圆肩，斜直腹内弧，底足外撇；盖口内敛，平沿，弧壁，平顶，盖纽失。罐颈部绘有一周如意云头纹；上腹部四如意云头内分别绘牡丹、荷、菊、梅四季盆花，圆形开光内绘缠枝莲纹；下接冰梅地四开光，内绘山水、花篮纹饰。盖顶面绘四蕉叶团花开光，开光内分别绘菊、莲纹，下为折枝莲云肩，外沿绘有一周青花地叶片纹边饰。底足署青花双圈款。

将军罐始于明，流行于清初，一般器形较高大，因其盖上的宝珠顶纽形似古代将军的头盔而得名。这件将军罐为清康熙年间典型的器形，高大浑厚，造型沉稳，纹饰精美，是这个时期民窑瓷中的精品。“碗礁一号”沉船出水的将军罐位于东部船舱，被发现时均呈倒放状态。

5 青花开光花卉山水图将军罐局部
Details of Blue-and-white General Tank with Flowers and Landscape in Panels

6 青花缠枝莲纹将军罐

Blue-and-white General Tank with Lotus Scrolls

通高 39.5 厘米，罐口径 12.5、足径 11.5 厘米，盖高 8.5、直径 9.4 厘米

Total Height 39.5cm; Diameter at Rim 12.5cm; Diameter at Footing 11.5cm; Lid Height 8.5cm; Lid Diameter 9.4cm

罐口与盖以子母口扣合。罐直口微敛，圆肩，斜直腹，平底，二层台式足；盖口内敛，平沿，弧壁，平顶，宝石顶纽。罐颈部饰一周蕉叶纹，腹部满绘缠枝莲纹，釉色翠蓝明亮；盖面绘缠枝花卉纹，盖纽上半部青花地。

7 青花冰梅纹盖罐
Blue-and-white Covered Jar with Plum Blossoms on Cracked Ice Ground

通高 24.5 厘米，罐口径 9.1、足径 12 厘米，盖高 4.7、直径 11.6 厘米

Total Height 24.5cm; Diameter at Rim 9.1cm; Diameter at Footing 12cm; Lid Height 4.7cm; Lid Diameter 11.6cm

罐口与盖以子母口扣合。罐敛口，弧肩，鼓腹，腹下部渐收，平底略凹；盖平沿，直腹，平顶。罐口、颈部刮釉露胎，罐身、罐盖满绘冰梅纹，底足署青花双圈款。

冰梅纹，是清康熙年间创烧和流行的陶瓷装饰纹样，多装饰于罐、瓶、碗等器物上。即以翠蓝的青花为地，通体作冰裂状，以青花浓料画冰裂片纹，以青花淡料略加晕染，其间穿插数朵白色梅花，蓝白相映，尤为精美，颇具意蕴，是这个时期景德镇瓷器的一种特有纹饰，在民窑器中广为流行。除满布器身者外，还有用其作开光画面的。

8 青花婴戏纹盖罐
Blue-and-white Covered Jar with Children Playing in a Garden

通高 24.2 厘米，罐口径 9.3、足径 11.1 厘米，盖高 4.6、直径 11.3 厘米

Total Height 24.2cm; Diameter at Rim 9.3cm; Diameter at Footing 11.1cm; Lid Height 4.6cm; Lid Diameter 11.3cm

罐口与盖以子母口扣合。罐平沿，短颈，弧肩，鼓腹，腹下部渐收，平底，浅凹足；盖直口，直壁，平顶。罐口、颈部露胎，足底刮釉露胎。罐腹部通绘婴戏、仕女、湖石、芭蕉等图案，侍女或抱娃，或执蒲扇，婴童在周边嬉戏追闹，画面温馨和乐；盖面绘婴戏图，寓意“五子登科”，外壁一周青花回纹下接如意云肩纹，口沿处绘一周弦纹。

婴戏纹是瓷器传统纹样，明清时期十分盛行。清康熙年间婴戏纹主要分为夺魁婴戏、持莲婴戏、折桂婴戏、庭院侍女婴戏、蹴鞠婴戏、百子婴戏等，婴童纯真质朴，活泼而有趣味。“碗礁一号”沉船出水瓷器上的侍女婴戏图为“娘教子婴戏”，这在清康熙民窑产品中较为多见。人物造型生动，比例准确，神态栩栩如生。

9 青花开光戏曲人物图盖罐
Blue-and-white Covered Jar with Drama Scenes in Panels

通高 30.4 厘米，罐口径 10、足径 14.5 厘米，盖高 4.7、直径 12.2 厘米

Total Height 30.4cm; Diameter at Rim 10cm; Diameter at Footing 14.5cm; Lid Height 4.7cm; Lid Diameter 12.2cm

罐口与盖以子母口扣合。罐敛口，弧肩，鼓腹，腹下部渐收，平底，浅凹足；盖平沿，敛口，弧腹，平顶。罐口、颈、足底及盖口部露胎，盖外满釉，内素胎。罐肩绘一周波浪锦地及三角锦地边饰，腹部上下为相对的波浪锦地梅花图云肩，中间四开光内绘西湖楼台水榭人物游玩图，底部则为三角锦地边饰；盖顶部绘博古花卉纹饰，四周为向下的青花地云头，其间绘梅花纹饰。

9 青花开光戏曲人物图盖罐及局部
Blue-and-white Covered Jar with Drama Scenes in Panels and Details

10 青花开光博古花鸟纹盖罐
Blue-and-white Covered Jar with Flowers and Antiquities in Panels

通高 27.7 厘米，罐口径 9.2、足径 13.2 厘米，盖高 5.4、直径 11.7 厘米

Total Height 27.7cm; Diameter at Rim 9.2cm; Diameter at Footing 13.2cm; Lid Height 5.4cm; Lid Diameter 11.7cm

罐口与盖以子母口扣合。罐敛口，短直颈，弧肩，鼓腹，腹下部渐收，平底，浅凹足；盖平沿，直壁微弧，平顶。罐口、颈部露胎。罐肩部绘一周青花地半菊纹，腹部四开光，内分别绘有雉鸡牡丹、博古图等，开光外满饰回纹地，底部绘一周青花地半菊纹；盖顶为双圈博古图案，外壁为回纹地四开光，内绘折枝花、博古纹，其下饰一周青花地半菊纹。底足署青花双圈花押款。

11 青花菱形开光花卉纹直腹盖罐

Blue-and-white Cylindrical Covered Jar with Floral Design in Lozenge Panels

通高 19.2 厘米，罐口径 9.7、足径 13.8 厘米，盖高 5.7、直径 14.6 厘米

Total Height 19.2cm; Diameter at Rim 9.7cm; Diameter at Footing 13.8cm; Lid Height 5.7cm; Lid Diameter 14.6cm

罐直口，筒腹，平底，矮圈足；盖平沿，直壁，弧肩，平顶，中间有一宝珠状盖纽。罐足底露胎。盖罐整体满绘精美的冰纹地，罐身上下多个三角形开光，内绘缠枝莲纹，腹部下方绘有一周青花地叶片纹边饰；盖面形成六瓣花形开光，内绘缠枝花卉纹，盖沿亦绘有一周青花地叶片纹边饰。

这件盖罐造型大方，纹饰特别，是"碗礁一号"沉船出水瓷器中不可多见的器物。

12 青花草虫纹马蹄杯
Blue-and-white Hoof-shaped Cup with Insects amid Grass

高 3.2、口径 7.1、足径 3.4 厘米

Height 3.2cm; Diameter at Rim 7.1cm; Diameter at Footing 3.4cm

因形如倒置的马蹄而得名。大敞口，斜削腹，内凹小平底。外口沿及底部各绘有两周弦纹，外壁绘草虫纹；内口沿饰两周弦纹，内底绘双圈山石花草纹；底足署青花双圈花押款，这是康熙民窑常用的瓷器款识。

13 青花山石草虫纹马蹄杯

Blue-and-white Hoof-shaped Cup with Insects amid Grass

高 3.2、口径 7、足径 3.5 厘米

Height 3.2cm; Diameter at Rim 7cm; Diameter at Footing 3.5cm

大敞口，斜削腹，内凹小平底。外口沿及底部各饰两周弦纹，外壁绘山石花草纹；内口沿饰两周弦纹，内底绘双圈山石花草纹；底足署青花双圈花押款。

14 青花山石草虫纹马蹄杯
Blue-and-white Hoof-shaped Cup with Insects amid Grass

高 3.1、口径 7、足径 3.6 厘米

Height 3.1cm; Diameter at Rim 7cm; Diameter at Footing 3.6cm

大敞口，斜削腹，内凹小平底。外口沿及底部各饰两周弦纹，外壁绘山石草虫纹；内口沿饰两周弦纹，内底绘双圈山石花草纹；底足署青花双圈花押款。

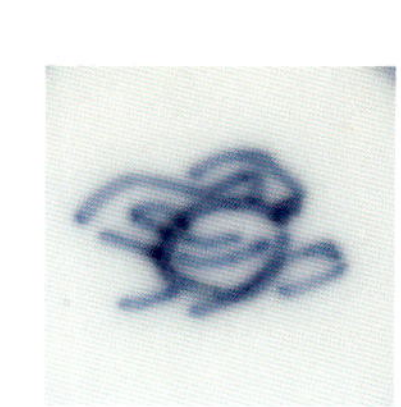

15 青花山水人物纹杯
Blue-and-white Cup with Figures in a Landscape

高 4.2、口径 7.5、足径 3.8 厘米

Height 4.2cm; Diameter at Rim 7.5cm; Diameter at Footing 3.8cm

撇口，斜削腹，圈足。外口沿饰两周弦纹，外壁绘山水风景图案——湖石垂柳，小舟垂钓，一派静逸的画面；内口沿饰两周弦纹，内底绘双圈山水小景；圈足近腹部饰两周弦纹，底足署青花双圈花押款。

山水纹是以山水作为题材的瓷器装饰纹样。独立意义的山水纹饰是在明代瓷绘中发展起来的，清康熙时期青花山水成就最高，布局疏朗，多出现在琢器上。山水景物画法精细，分色层次鲜明，浓淡相宜，无论远山近水，层峦叠嶂，均富有节奏感、立体感；结合晕染法的使用，使其更接近和达到国画题材的表现手法，犹如一幅水墨画，“墨分五色”，很具观赏性。

16 青花山水人物纹杯
Blue-and-white Cup with Figures in a Landscape

高 4、口径 7.7、足径 4.2 厘米

Height 4cm; Diameter at Rim 7.7cm; Diameter at Footing 4.2cm

敞口微撇，斜削腹，圈足内敛。外口沿饰两周弦纹，外壁通绘一幅山水图——远山近水，湖石树木，小船垂钓；内口沿饰两周弦纹，内底绘双圈山水小景；圈足处饰有两周弦纹，底足署青花双圈花押款。

17 青花山水人物纹杯
Blue-and-white Cup with Figures in a Landscape

高 4.1、口径 7.5、足径 3.9 厘米

Height 4.1cm; Diameter at Rim 7.5cm; Diameter at Footing 3.9cm

撇口，斜削腹，圈足。外口沿饰两周弦纹，外壁绘山水风景图案——湖石垂柳，小舟垂钓，一派静逸的画面；内口沿饰两周弦纹，内底绘双圈山水小景；圈足近腹部饰两周弦纹，底足署青花双圈花押款。

18 青花渔家乐纹杯

Blue-and-white Cup with a Fishing Scene

高 4.2、口径 7.4、足径 3.7 厘米

Height 4.2cm; Diameter at Rim 7.4cm; Diameter at Footing 3.7cm

撇口，斜削腹内收，圈足。外口沿饰两周弦纹，外壁绘渔家乐图，描绘了岸上男人饮酒庆丰收，岸边渔家妇人操持生计的画面，展现了我国古代劳动人民生产劳作的场景；内口沿饰两周弦纹，内底绘双圈山水小景；圈足上饰两周弦纹，底足署青花双圈花押款。

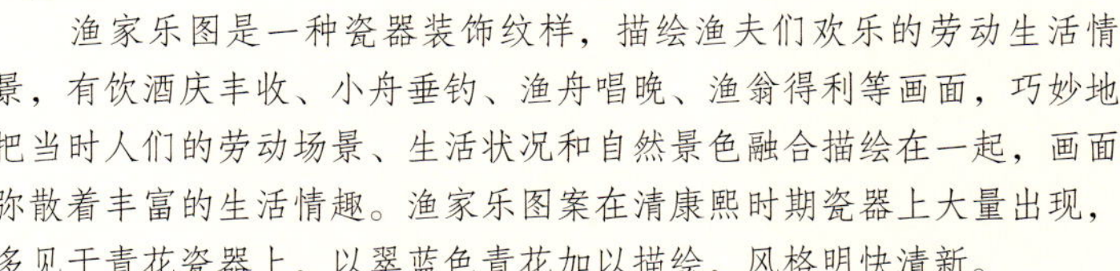

渔家乐图是一种瓷器装饰纹样，描绘渔夫们欢乐的劳动生活情景，有饮酒庆丰收、小舟垂钓、渔舟唱晚、渔翁得利等画面，巧妙地把当时人们的劳动场景、生活状况和自然景色融合描绘在一起，画面弥散着丰富的生活情趣。渔家乐图案在清康熙时期瓷器上大量出现，多见于青花瓷器上，以翠蓝色青花加以描绘，风格明快清新。

19 青花渔家乐纹杯

Blue-and-white Cup with a Fishing Scene

高 4.2、口径 7.5、足径 3.9 厘米

Height 4.2cm; Diameter at Rim 7.5cm; Diameter at Footing 3.9cm

撇口，斜直腹，圈足。外口沿绘两周弦纹，外壁通绘渔家乐图；内口沿饰两周弦纹，内底绘双圈一人河岸独钓图；圈足上饰两周弦纹，底足署青花双圈花押款。

20 青花渔家乐纹杯

Blue-and-white Cup with a Fishing Scene

高 4.6、口径 7.7、足径 3.7 厘米

Height 4.6cm; Diameter at Rim 7.7cm; Diameter at Footing 3.7cm

口微撇，斜弧腹内收，圈足。外口沿饰两周弦纹，外壁通绘渔家乐图；内口沿饰两周弦纹，内底绘双圈山水小景；圈足上饰两周弦纹，底足署青花双圈花押款。杯青花发色晕染。

21 青花折枝花卉纹深腹杯

Blue-and-white Deep Cup with Floral Sprays

高 7.3、口径 7.3、足径 3.4 厘米

Height 7.3cm; Diameter at Rim 7.3cm; Diameter at Footing 3.4cm

敞口，斜直腹内收，小圈足外撇。外口沿绘一周花叶纹，外壁绘折枝菊花纹，近底部饰一周菱形与圆点纹饰；内口沿绘一周斜线三角形锦地边纹。该杯造型端正，纹饰疏朗有致。

22 青花折枝花卉纹深腹杯

Blue-and-white Deep Cup with Floral Sprays

高 7.5、口径 7.1、足径 3.4 厘米

Height 7.5cm; Diameter at Rim 7.1cm; Diameter at Footing 3.4cm

敞口，斜直腹内收，小圈足。外口沿绘有一周花叶纹，外壁绘折枝菊花纹，近底部为一周菱形与圆点纹饰；内口沿绘一周斜线三角形锦地边纹。

折枝花卉纹是一种典型的瓷器装饰纹样。构图方法系截取花卉或花果的一枝或一部分，形似折下的花枝或花果，构成与周围纹样无连接关系的单独纹样，常见有折枝梅、折枝莲、折枝牡丹、折枝枇杷、折枝石榴、折枝荔枝等，明清两代十分盛行。

23 青花折枝花卉纹深腹杯

Blue-and-white Deep Cup with Floral Sprays

高 7.1、口径 7.1、足径 3.3 厘米

Height 7.1cm; Diameter at Rim 7.1cm; Diameter at Footing 3.3cm

敞口，斜直腹内收，小圈足。外口沿饰一周花叶纹，外壁绘间隔排列的折枝菊花纹，近底部为一周菱形与圆点纹饰；内口沿饰一周斜线三角形锦地边纹。

24 青花折枝花卉纹菱口杯

Blue-and-white Lobed Deep Cup with Floral Sprays

高 7.2、口径 8.7、足径 3.6 厘米

Height 7.2cm; Diameter at Rim 8.7cm; Diameter at Footing 3.6cm

敞口微撇，斜直腹内弧，矮圈足。器身压印作菱花形。外口沿及近圈足处各饰一周朵花纹边饰，外壁为四组折枝花卉图案；内口沿饰一周朵花纹边饰，内底绘一折枝花；底足署青花双圈花押款。

25 青花缠枝花卉纹深腹杯

Blue-and-white Deep Cup with Floral Scrolls

高 7.7、口径 7.1、足径 3.2 厘米

Height 7.7cm; Diameter at Rim 7.1cm; Diameter at Footing 3.2cm

撇口，斜直腹内收，小圈足。外口沿饰两周弦纹，外壁通绘缠枝花卉纹；内口沿饰一周斜线三角形锦地边饰。

26 青花缠枝花卉纹薄胎深腹杯

Blue-and-white Eggshell Deep Cup with Floral Scrolls

高 7.6、口径 7、足径 3.1 厘米

Height 7.6cm; Diameter at Rim 7cm; Diameter at Footing 3.1cm

撇口，深直腹下弧，小圈足外撇。外口沿饰两周弦纹，外壁绘缠枝牡丹、菊纹，花朵大，叶片小；内口沿饰一周斜线三角形锦地边饰；小圈足上饰两周弦纹。

27 青花花卉纹六方深腹杯（残）

Blue-and-white Hexagonal Deep Cup with Floral Design (Shard)

高 6.2、口径 7.5、足径 3.6 厘米

Height 6.2cm; Diameter at Rim 7.5cm; Diameter at Footing 3.6cm

大敞口，斜直腹，矮圈足。器身作六方形。外口沿饰一周青花地勾连纹，外壁上下错落绘有大小蕉叶纹，中间点缀朵花纹；内口沿饰一周三角形锦地朵花纹边饰；底足署青花双圈花押款。

这件六方深腹杯，造型规整别致，胎体洁白轻薄，釉色翠蓝明艳，虽是残件，但清康熙时期民窑青花制作技艺的精良可窥一斑。

28 青花山石花卉纹小杯
Blue-and-white Small Cup with Flowers and Rocks

高 4.2、口径 5.8、足径 2.8 厘米

Height 4.2cm; Diameter at Rim 5.8cm; Diameter at Footing 2.8cm

敞口，斜弧腹内收，圈足微外撇。外壁一侧饰青花山石花卉纹一组，另一侧画昆虫一只；内底饰山石草叶纹。底足署青花双圈花押款，这是花押款的一种，常见于景德镇民窑瓷器上，清康熙、雍正时期广为流行。

洞石，一种多孔的岩石，以石中有空洞而得名。瓷器中出现洞石纹饰始于磁州窑瓷枕上的“米芾拜石”图案，此后历代瓷器装饰纹样将洞石作为山水或花鸟画的衬饰而融合到各类装饰题材中，洞石花卉就是其中一种。元代青花瓷器上就有不少此类纹饰，明清时期仍然流行，洞石奇趣而置，花卉清丽高洁。

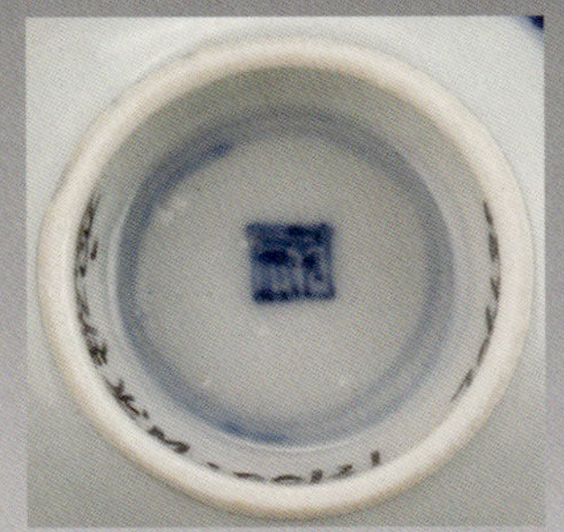

29 青花洞石花卉纹杯

Blue-and-white Cup with Flowers and Rocks

高 5、口径 6.8、足径 3 厘米

Height 5cm; Diameter at Rim 6.8cm; Diameter at Footing 3cm

敞口，斜直腹下弧，小圈足。外壁绘有青花洞石花卉图案；内底绘洞石兰草纹；底足署青花双圈花押款。

30 青花洞石花卉纹杯
Blue-and-white Cup with Flowers and Rocks

高 4.9、口径 6.6、足径 3.2 厘米

Height 4.9cm; Diameter at Rim 6.6cm; Diameter at Footing 3.2cm

敞口，斜直腹下弧，圈足。外口沿饰两周弦纹，外壁一侧绘青花洞石花卉一组，另一侧画昆虫一只；内口沿饰两周弦纹，内底绘双圈洞石兰草纹；圈足上饰两周弦纹，底足署青花双圈花押款。

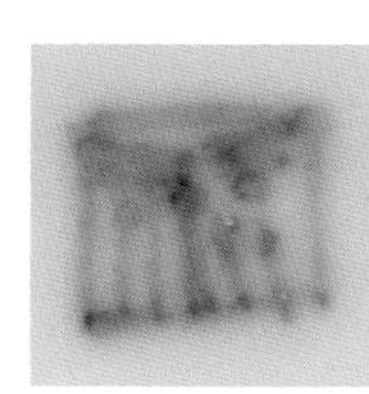

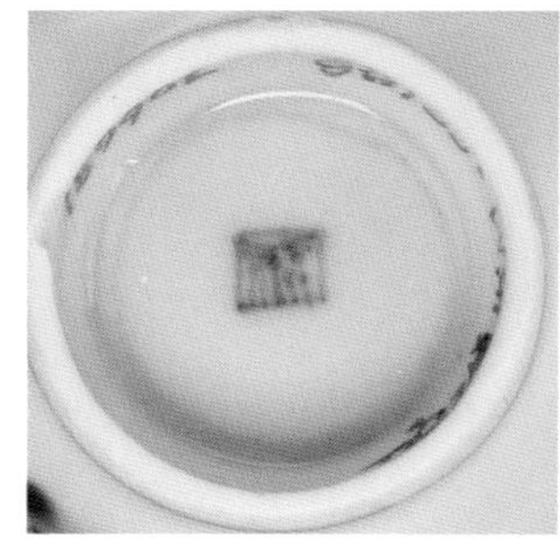

31 青花山石花卉纹杯
Blue-and-white Cup with Flowers and Rocks

高 4.6、口径 6.7、足径 3.2 厘米

Height 4.6cm; Diameter at Rim 6.7cm; Diameter at Footing 3.2cm

敞口，斜直腹下弧，圈足。外壁一侧绘有一组山石花卉，另一侧绘有昆虫草叶；内底绘山石兰草纹；底足署青花双圈花押款。

32 青花洞石花卉纹杯

Blue-and-white Cup with Flowers and Rocks

高 4.4、口径 6、足径 3 厘米

Height 4.4cm; Diameter at Rim 6cm; Diameter at Footing 3cm

敞口，斜直腹下弧，圈足。外口沿饰两周弦纹，外壁一侧绘一组洞石花卉，另一侧绘昆虫草叶；内口沿饰两周弦纹，内底双圈内绘山石花草纹；圈足上饰两周弦纹，底足署青花双圈花押款。

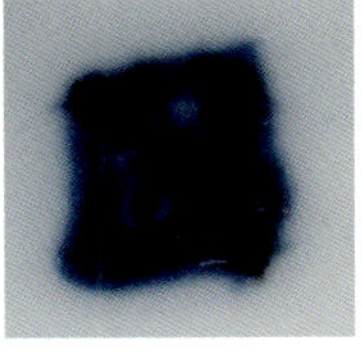

33 青花凤穿牡丹纹杯

Blue-and-white Cup with Phoenix amid Peonies

高 4.8、口径 6.6、足径 3.2 厘米

Height 4.8cm; Diameter at Rim 6.6cm; Diameter at Footing 3.2cm

敞口，斜直腹下弧，圈足。外口沿饰两周弦纹，外壁一侧绘一组凤穿牡丹纹，另一侧点缀昆虫草叶纹；内口沿饰两周弦纹，内底绘双圈花卉纹；圈足上饰两周弦纹，底足署青花双圈花押款。

34 青花荷塘水禽纹杯

Blue-and-white Cup with Waterfowls in a Lotus Pond

高 4.8、口径 6.7、足径 3.1 厘米

Height 4.8cm; Diameter at Rim 6.7cm; Diameter at Footing 3.1cm

敞口，斜直腹下弧，圈足。外壁绘有三组荷塘水禽团花纹；内底绘折枝花；底足署青花双圈花押款。

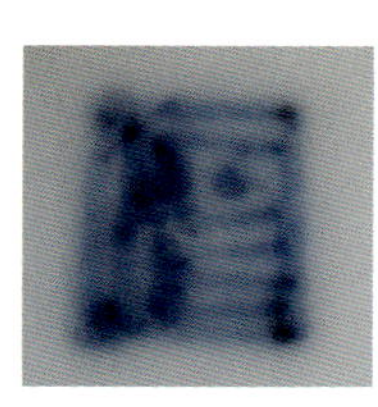

35 青花团花飞禽纹杯
Blue-and-white Cup with Flowers and Birds in Roundels

高 4.8、口径 6.8、足径 3.2 厘米

Height 4.8cm; Diameter at Rim 6.8cm; Diameter at Footing 3.2cm

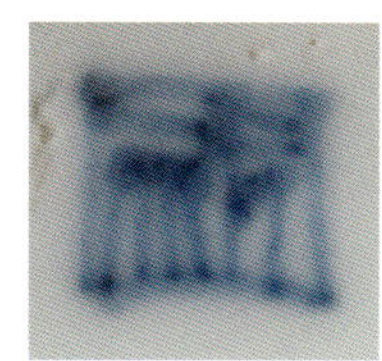

敞口，斜直腹下弧，圈足。外壁绘三组团花飞禽纹，青花发色晕染；内底绘花卉纹；底足署青花双圈花押款。

螭龙纹，又称螭纹，是瓷器装饰的典型纹样之一。元明清瓷器上多有螭龙纹，分为蟠螭、团螭、双螭等形式，表现手法多为绘画，偶有贴塑。

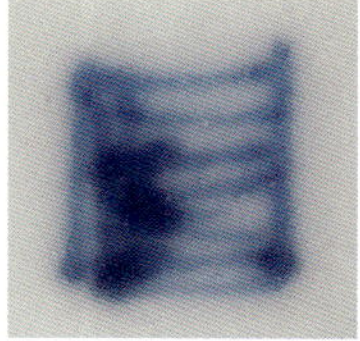

36 青花螭龙纹小杯

Blue-and-white Small Cup with Chi-dragons

高 4.5、口径 5.9、足径 2.7 厘米

Height 4.5cm; Diameter at Rim 5.9cm; Diameter at Footing 2.7cm

敞口，斜直腹下弧，小高圈足。外壁绘两组青花螭龙纹，中间点缀火珠纹；内底绘有杂宝纹；底足署青花双圈花押款。

37 青花螭龙纹小杯
Blue-and-white Small Cup with Chi-dragons

高 4.5、口径 5.9、足径 2.7 厘米

Height 4.5cm; Diameter at Rim 5.9cm; Diameter at Footing 2.7cm

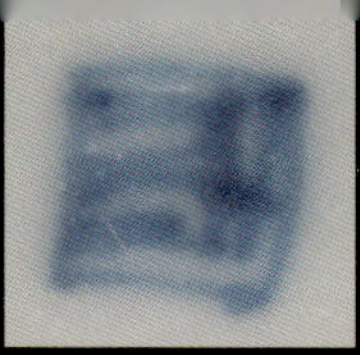

敞口，斜直腹下弧，高圈足。外壁绘两组螭龙纹，间以火珠纹点缀；内底绘杂宝纹；底足署青花双圈花押款。

38 青花山水纹杯
Blue-and-white Cup with a Landscape

高 4.8、口径 7、足径 3 厘米

Height 4.8cm; Diameter at Rim 7cm; Diameter at Footing 3cm

敞口，斜直腹下弧，圈足。外口沿饰两周弦纹，外壁绘山水图——远山近水，两叶扁舟，意境宁远；内口沿绘两周弦纹，内底绘双圈山水小景；圈足上有两周弦纹，底足署青花方形花押款。

39 青花山水纹杯

Blue-and-white Cup with a Landscape

高 4.5、口径 6.3、足径 3.3 厘米

Height 4.5cm; Diameter at Rim 6.3cm; Diameter at Footing 3.3cm

敞口，斜直腹下弧，圈足。外口沿饰两周弦纹，外壁绘山水图——远山近水，柳树堤岸，一叶扁舟；内口沿饰两周弦纹，内底绘双圈山水小景；圈足上饰两周弦纹，底足署青花双圈花押款。杯身有多处缩釉现象。

杂宝纹饰是一种典型瓷器装饰吉祥纹样，始见于元代，多作为辅助纹饰。杂宝的本意为诸色珍宝，主要由佛教法器、民间宝物以及寓意吉祥的器物组成，因其所采用的宝物很杂，故称"杂宝纹"。元代杂宝纹大致有双角、银锭、犀角、火珠、火焰、火轮、法螺、珊瑚、双钱等，明代又新增祥云、灵芝、方胜、艾叶、卷书、笔、磬、鼎、葫芦等。明清时期多以散点式布局将杂宝描绘在器物上，也有作为主纹的，主要集中在清康熙、雍正、乾隆三朝。

40 青花杂宝纹小杯

Blue-and-white Small Cup with Miscellaneous Buddhist Emblems

高 4.5、口径 6.1、足径 2.7 厘米

Height 4.5cm; Diameter at Rim 6.1cm; Diameter at Footing 2.7cm

敞口，斜弧腹下收，圈足。外壁绘六组青花杂宝纹饰，上下错落分置；内底绘有一杂宝纹；底足署青花双圈花押款。

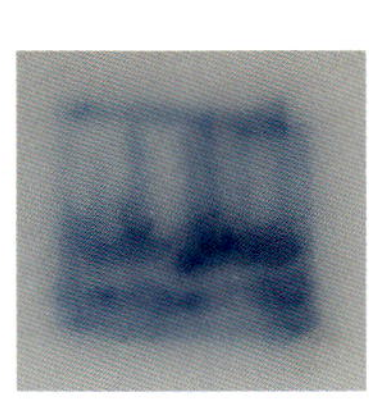

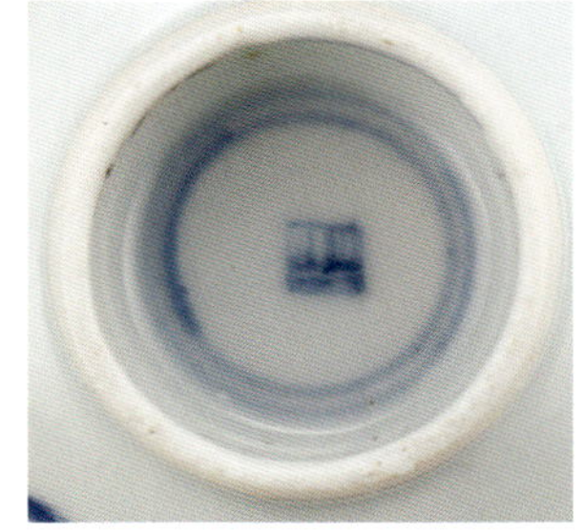

41 青花杂宝纹杯

Blue-and-white Cup with Miscellaneous Buddhist Emblems

高 5、口径 6.9、足径 3 厘米

Height 5cm; Diameter at Rim 6.9cm; Diameter at Footing 3cm

敞口，斜直腹下弧，圈足。外壁绘六组青花杂宝纹饰，上下错落分置；内底绘有一杂宝纹；底足署青花双圈花押款。

42 青花太极八卦纹小杯
Blue-and-white Small Cup with Taiji and Eight Daoist Diagrams

高 4.1、口径 5.7、足径 2.5 厘米

Height 4.1cm; Diameter at Rim 5.7cm; Diameter at Footing 2.5cm

敞口，斜弧腹下收，小圈足外撇。外壁绘有三组太极八卦图；内底绘一太极图；底足署青花花押款。

八卦纹饰是瓷器装饰的典型宗教纹样之一，以《周易》中的八种基本图形组成，主要象征天、地、雷、风、水、火、山、泽八种自然现象。约在元代，瓷器装饰中开始采用八卦纹饰；明嘉靖道教极盛，八卦纹风行；发展到清代，仍以八卦为饰。

43 青花太极八卦纹小杯
Blue-and-white Small Cup with Taiji and Eight Daoist Diagrams

高 4.4、口径 6.5、足径 3 厘米

Height 4.4cm; Diameter at Rim 6.5cm; Diameter at Footing 3cm

敞口，斜直腹下弧，小圈足微外撇。外壁绘三组太极八卦纹；内底绘一太极图；底足署青花花押款。

44 青花太极八卦纹小杯
Blue-and-white Small Cup with Taiji and Eight Daoist Diagrams

高 4.1、口径 5.7、足径 2.7 厘米

Height 4.1cm; Diameter at Rim 5.7cm; Diameter at Footing 2.7cm

敞口，斜弧腹下收，小圈足。外壁绘有三组太极八卦纹；内底绘一太极图；底足署青花花押款。

45 青花奔马纹杯
Blue-and-white Cup with Galloping Horses

高 3.5、口径 6.1、足径 2.6 厘米

Height 3.5cm; Diameter at Rim 6.1cm; Diameter at Footing 2.6cm

平折沿，撇口，斜直腹下弧，圈足内敛。口沿处一周酱褐釉，俗称“酱口”，是明末清初瓷器流行的特征。外口沿绘两周弦纹，外壁绘奔马纹饰，青花晕散；内口沿饰两周弦纹，内底绘青花双圈折枝纹；圈足上饰两周弦纹。

46 青花奔马纹杯

Blue-and-white Cup with Galloping Horses

高 3.5、口径 6.1、足径 2.6 厘米

Height 3.5cm; Diameter at Rim 6.1cm; Diameter at Footing 2.6cm

撇口，斜直腹，平底，圈足。里外满釉，底部露胎，口沿及足各有一周酱褐釉。外口沿饰两周弦纹，外壁绘奔马纹饰；内口沿饰两周弦纹，内底绘双圈折枝花纹；圈足上饰两周弦纹。

47 青花折枝花卉纹菊瓣形碟
Blue-and-white Lobed Dish with Floral Sprays

高 2.5、口径 13.1、足径 6.9 厘米

Height 2.5cm; Diameter at Rim 13.1cm; Diameter at Footing 6.9cm

花口，平折沿，菊瓣形浅弧腹，矮圈足内敛。内外口沿各饰一周朵花纹，内壁绘四组折枝花卉纹，内底一周朵花纹内绘一折枝花卉纹。底足署青花双圈花押款。

48 青花折枝花卉纹菊瓣形碟

Blue-and-white Lobed Dish with Floral Sprays

高 2.5、口径 13.1、足径 6.8 厘米

Height 2.5cm; Diameter at Rim 13.1cm; Diameter at Footing 6.8cm

花口，平折沿，菊瓣形浅弧腹，矮圈足内敛。内外口沿各饰一周朵花纹，内壁绘四组折枝花卉纹，内底一周朵花纹内绘一折枝花卉纹。底足署青花双圈花押款。

49 青花折枝花卉纹菊瓣形碟

Blue-and-white Lobed Dish with Floral Sprays

高 2.5、口径 13.2、足径 7 厘米

Height 2.5cm; Diameter at Rim 13.2cm; Diameter at Footing 7cm

花口，平折沿，菊瓣形浅弧腹，矮圈足内敛。内外口沿各饰一周朵花纹，内壁绘四组折枝花卉纹，内底一周朵花纹内绘一折枝花卉纹。底足署青花双圈花押款。

这件菊瓣形碟，造型美观大方，釉色明净，层次分明，是清康熙时期民窑制瓷技艺高超的体现。

50 青花山水人物纹碟
Blue-and-white Dish with Figures in a Landscape

高 2.7、口径 11.8、足径 5.8 厘米

Height 2.7cm; Diameter at Rim 11.8cm; Diameter at Footing 5.8 cm

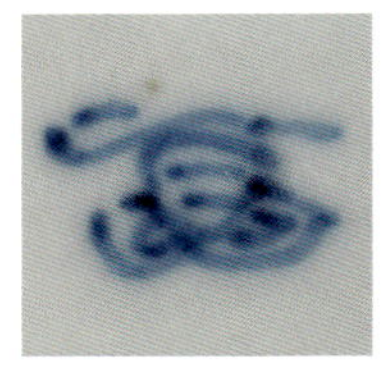

敞口，斜弧腹，矮圈足。内口沿饰一周弦纹，内绘一幅山水人物图——远山近水，树木岸石，小舟垂钓，独钓的画面显得宁静而悠远。底足署青花双圈花押款。

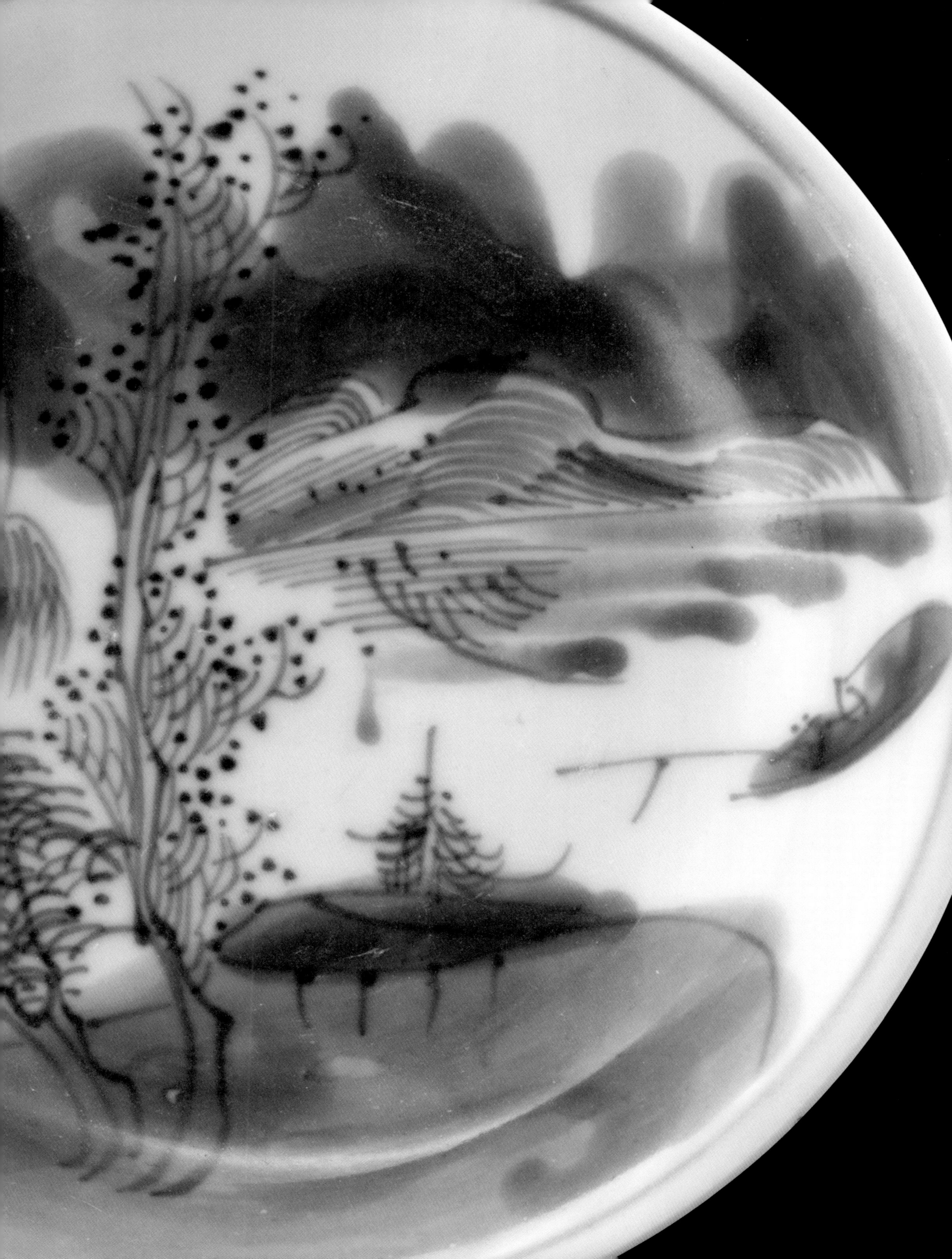

51 青花山水人物纹碟
Blue-and-white Dish with Figures in a Landscape

高 2.9、口径 11.7、足径 5.8 厘米

Height 2.9 cm; Diameter at Rim 11.7cm; Diameter at Footing 5.8 cm

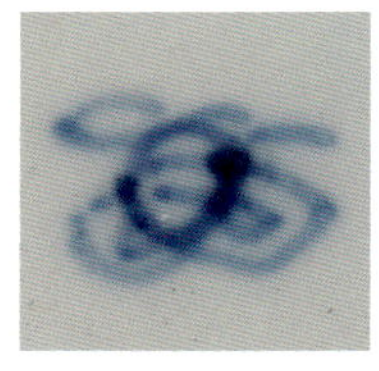

敞口，斜弧腹，矮圈足。内口沿饰一周弦纹，内绘一幅山水人物图，青色浓淡相宜，是清康熙时期青花典型的“分水”技法，使青料呈现出不同的色阶。底足署青花双圈花押款。

52 青花渔家乐纹碟
Blue-and-white Dish with a Fishing Scene

高 2.4、口径 10、足径 4.9 厘米

Height 2.4cm; Diameter at Rim 10cm; Diameter at Footing 4.9cm

敞口微撇，斜弧腹，圈足。内口沿饰一周弦纹，内绘渔家乐场景图——岸上两人互动，岸边渔船上妇人观看，一幅和谐的渔民生活场景。底足署青花双圈花押款。

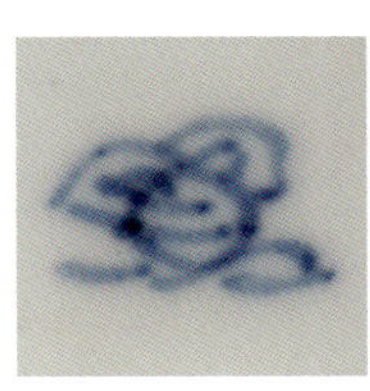

53 青花渔家乐纹碟
Blue-and-white Dish with a Fishing Scene

高 2.3、口径 10、足径 4.8 厘米

Height 2.3cm; Diameter at Rim 10cm; Diameter at Footing 4.8cm

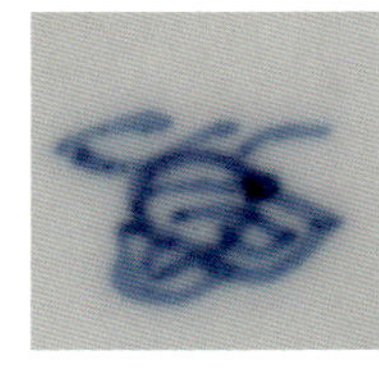

敞口微撇，斜弧腹，圈足。内口沿饰一周弦纹，内绘渔家乐场景图——岸上两人互动，岸边渔船上妇人观看，一幅和谐的渔民生活场景。底足署青花双圈花押款。

54 青花渔家乐纹碟
Blue-and-white Dish with a Fishing Scene

高 2.5、口径 11.2、足径 6.1 厘米

Height 2.5cm; Diameter at Rim 11.2cm; Diameter at Footing 6.1cm

敞口微撇，斜弧腹，矮圈足。内口沿饰一周弦纹，内绘青花渔家乐图。底足署青花双圈花押款。

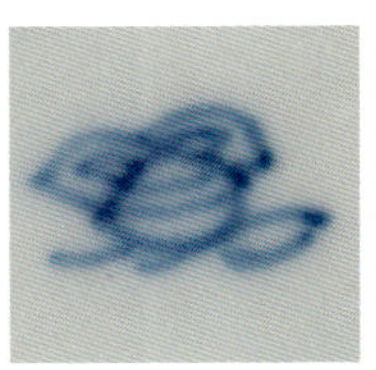

55 青花渔家乐纹碟
Blue-and-white Dish with a Fishing Scene

高 2.8、口径 11.8、足径 6 厘米

Height 2.8cm; Diameter at Rim 11.8cm; Diameter at Footing 6cm

敞口微撇，斜弧腹，矮圈足。内口沿饰一周弦纹，内绘青花渔家乐图。底足署青花双圈花押款。

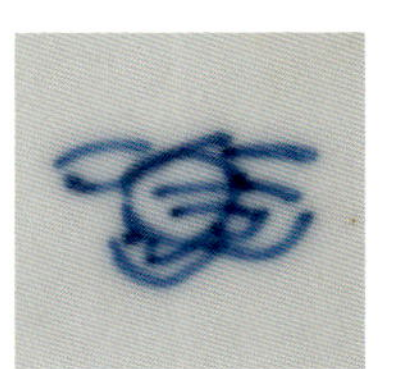

56 青花渔家乐纹碟
Blue-and-white Dish with a Fishing Scene

高 2.9、口径 11.8、足径 5.8 厘米

Height 2.9cm; Diameter at Rim 11.8cm; Diameter at Footing 5.8cm

敞口，斜弧腹，矮圈足。内口沿饰一周弦纹，内绘青花渔家乐图，技法娴熟，勾勒出渔民们闲暇时的生活场景。底足署青花双圈花押款。

57 青花凤穿牡丹纹碟
Blue-and-white Dish with Phoenix amid Peonies

高 3.3、口径 11.9、足径 5.7 厘米

Height 3.3cm; Diameter at Rim 11.9cm; Diameter at Footing 5.7cm

敞口微撇，斜弧腹，圈足内敛。内口沿饰一周弦纹，内绘凤凰牡丹纹——牡丹怒放，枝繁叶茂，凤凰相伴。底足署青花双圈花押款。

凤凰牡丹纹饰是中国瓷器上的传统吉祥纹饰。古代传说，凤凰为鸟中之王，寓意祥瑞；牡丹为花中之王，寓意富贵。丹凤结合，象征着美好、光明和幸福。民间常把以凤凰、牡丹为主题的纹样称为“凤穿牡丹”“凤喜牡丹”或“牡丹引凤”等，视为祥瑞、美好、富贵的象征。“碗礁一号”沉船出水的盘、碗等器形上都有相似的图案。

58 青花凤穿牡丹纹碟
Blue-and-white Dish with Phoenix amid Peonies

高 3.1、口径 12.3、足径 5.8 厘米

Height 3.1cm; Diameter at Rim 12.3cm; Diameter at Footing 5.8cm

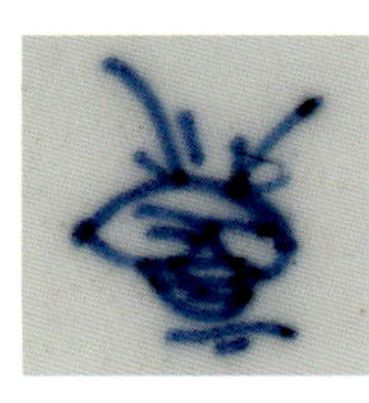

敞口微撇，斜弧腹，矮圈足。内口沿饰一周弦纹，内绘青花凤凰牡丹纹。底足署青花双圈花押款。

59 青花凤穿牡丹纹碟
Blue-and-white Dish with Phoenix amid Peonies

高 3.3、口径 12.3、足径 5.7 厘米

Height 3.3cm; Diameter at Rim 12.3cm; Diameter at Footing 5.7cm

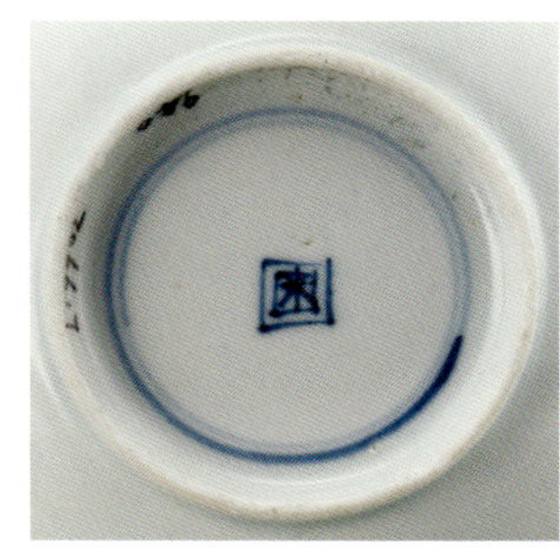

敞口微撇，斜弧腹，圈足。内口沿饰一周弦纹，内绘凤凰牡丹纹，青花略有晕散。底足署青花双圈花押款。

60 青花洞石花卉纹碟
Blue-and-white Dish with Flowers and Rocks

高 2.5、口径 12、足径 5.5 厘米

Height 2.5cm; Diameter at Rim 12cm; Diameter at Footing 5.5cm

敞口微撇，斜弧腹，矮圈足微内敛。内口沿饰一周弦纹，内绘洞石花卉图，花石争艳，青花浓淡相宜。底足署青花双圈花押款。

61 青花开光博古花卉纹碟

Blue-and-white Dish with Flowers and Antiquities in Panels

高 2.1、口径 13.5、足径 7.8 厘米

Height 2.1cm; Diameter at Rim 13.5cm; Diameter at Footing 7.8cm

撇口，斜弧腹下收，平底，矮圈足。内口沿饰一周斜线三角形锦地边饰，内壁冰梅纹地八开光，内绘博古、折枝花卉纹，盘心绘折枝花一朵；外壁绘两组折枝花卉纹；底足署青花双圈花押款。

62 青花凤栖梧桐纹大碗

Blue-and-white Large Bowl with Phoenix on Chinese Parasol

高 7.8、口径 14.8、足径 6.5 厘米

Height 7.8cm; Diameter at Rim 14.8cm; Diameter at Footing 6.5cm

撇口，深弧腹下收，圈足。外口沿饰一周弦纹，外壁绘凤凰梧桐图案，梧桐树干笔直，枝繁叶茂，引来双凤；内口沿饰两周弦纹，内底绘双圈山石兰花；圈足上饰两周弦纹，底足署青花双圈花押款。

63 青花凤穿牡丹纹大碗

Blue-and-white Large Bowl with Phoenix amid Peonies

高 7.8、口径 15.1、足径 6.8 厘米

Height 7.8cm; Diameter at Rim 15.1cm; Diameter at Footing 6.8cm

小撇口，深弧腹下收，矮圈足。外口沿饰两周弦纹，外壁通绘凤凰牡丹纹，凤凰单脚傲立，牡丹盛开，青花色阶分别，画面丰满；内口沿饰两周弦纹，内底双圈内绘一折枝牡丹纹；圈足上饰两周弦纹，底足署青花双圈花押款。

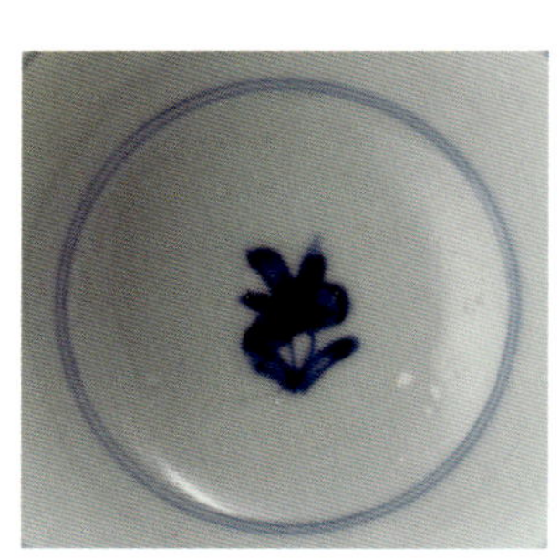

64 青花凤穿牡丹纹小碗
Blue-and-white Small Bowl with Phoenix amid Peonies

高 5.7、口径 8.4、足径 3.9 厘米

Height 5.7cm; Diameter at Rim 8.4cm; Diameter at Footing 3.9cm

敞口，弧腹下收，圈足。外口沿饰两周弦纹，外壁一侧绘凤凰牡丹图，另一侧点缀昆虫草叶；内口沿饰两周弦纹，内底双圈内绘一折枝花；圈足上饰两周弦纹，底足署青花双圈花押款。

65 青花凤穿牡丹纹小碗

Blue-and-white Small Bowl with Phoenix amid Peonies

高 5.8、口径 8.5、足径 4.2 厘米

Height 5.8cm; Diameter at Rim 8.5cm; Diameter at Footing 4.2cm

敞口，弧腹下收，圈足。外口沿饰两周弦纹，外壁一侧绘凤凰牡丹图，另一侧点缀昆虫草叶；内口沿饰两周弦纹，内底双圈内绘一折枝花；圈足上饰两周弦纹，底足署青花双圈花押款。

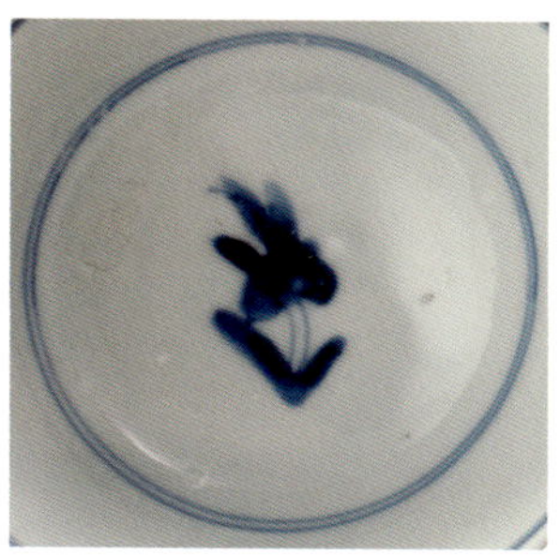

66 青花凤穿牡丹纹碗
Blue-and-white Bowl with Phoenix amid Peonies

高 6.9、口径 11.2、足径 5.2 厘米

Height 6.9cm; Diameter at Rim 11.2cm; Diameter at Footing 5.2cm

敞口，弧腹下收，圈足。外口沿饰两周弦纹，外壁一侧绘凤凰牡丹图，另一侧点缀昆虫草叶；内口沿饰两周弦纹，内底双圈内绘一折枝花；圈足上饰两周弦纹，底足署青花双圈花押款。

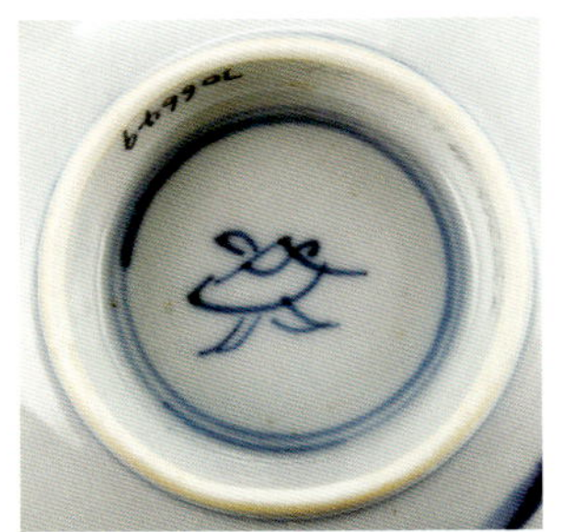

67 青花凤穿牡丹纹碗

Blue-and-white Bowl with Phoenix amid Peonies

高 6.7、口径 11、足径 5.3 厘米

Height 6.7cm; Diameter at Rim 11cm; Diameter at Footing 5.3cm

敞口，弧腹下收，圈足。外口沿饰两周弦纹，外壁一侧绘凤凰牡丹图，另一侧点缀昆虫草叶；内口沿饰两周弦纹，内底双圈内绘一折枝花；圈足上饰两周弦纹，底足署青花双圈花押款。

68 青花凤穿牡丹纹碗

Blue-and-white Bowl with Phoenix amid Peonies

高 6.8、口径 11.2、足径 5.3 厘米

Height 6.8cm; Diameter at Rim 11.2cm; Diameter at Footing 5.3cm

敞口，弧腹下收，圈足。外口沿饰两周弦纹，外壁一侧绘凤凰牡丹图，另一侧点缀昆虫草叶；内口沿饰两周弦纹，内底双圈内绘一折枝花；圈足上饰两周弦纹，底足署青花双圈花押款。

69 青花鹤纹大碗
Blue-and-white Large Bowl with Cranes

高 7.6、口径 14.5、足径 6.5 厘米

Height 7.6cm; Diameter at Rim 14.5cm; Diameter at Footing 6.5cm

撇口，深弧腹下收，圈足。外口沿饰两周弦纹，外壁通绘飞鹤、花叶纹，错落排列，下腹部绘一圈海水江崖纹；内口沿饰两周弦纹，内底绘双圈花叶纹；圈足上饰两周弦纹，底足署青花双圈双鱼款。

鹤纹是一种传统装饰纹样。古人以鹤为仙禽，有延年益寿、吉祥之意。《淮南子·说林训》记“鹤寿千岁，以报其游”。唐代鹤纹兴起，并应用在瓷器上，多与白云搭配。明清时期鹤纹题材丰富，其构图形式发生了变化，多与寿字组合，也常与云纹、鹿纹等相配，组成吉祥图案。

71 青花山水纹大碗
Blue-and-white Large Bowl with a Landscape

高 8、口径 15、足径 6.6 厘米

Height 8cm; Diameter at Rim 15cm; Diameter at Footing 6.6cm

敞口微撇，深弧腹下收，圈足。外口沿饰两周弦纹，外壁通绘一幅山水风景图——岸边巨石林立，垂柳依依；内口沿饰一周山石青草纹，内底双圈内绘山水小景；圈足上绘两周弦纹，底足署青花双圈花押款。

器成走天下 | "碗礁一号"沉船出水文物大展图录
Out to the World Treasures from the Wan Reef I Shipwreck

74 青花山水纹小碗

Blue-and-white Small Bowl with a Landscape

高 5.4、口径 8.2、足径 3.8 厘米

Height 5.4cm; Diameter at Rim 8.2cm; Diameter at Footing 3.8cm

敞口，弧腹下收，圈足。外口沿饰两周弦纹，外壁绘有山水风景图——远山近水，岸石树木，一叶扁舟，一人独钓，青花浓淡相宜，意境悠远；内口沿饰两周弦纹，内底绘双圈山水小景；圈足上饰两周弦纹，底足署青花双圈花押款。

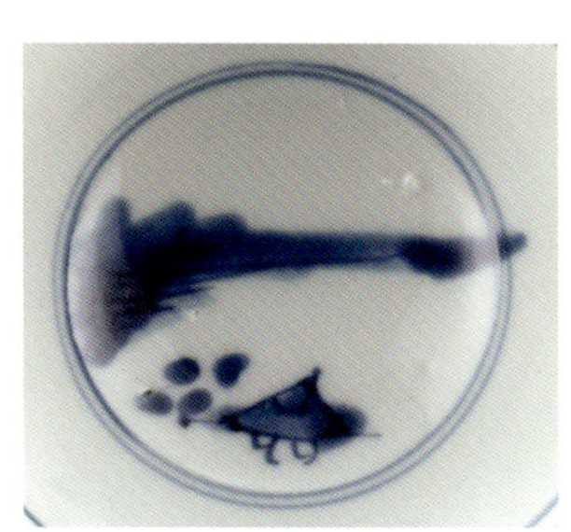

75 青花山水纹小碗
Blue-and-white Small Bowl with a Landscape

高 5.4、口径 8.2、足径 3.9 厘米

Height 5.4cm; Diameter at Rim 8.2cm; Diameter at Footing 3.9cm

敞口，弧腹下收，圈足。外口沿饰两周弦纹，外壁绘有山水风景图——远山近水，岸石垂柳，一叶扁舟，一人独钓，青花浓淡相宜，意境悠远；内口沿饰两周弦纹，内底绘双圈山水小景；圈足上饰两周弦纹，底足署青花双圈花押款。

76 青花山水纹小碗
Blue-and-white Small Bowl with a Landscape

高 5.8、口径 8.5、足径 3.9 厘米

Height 5.8cm; Diameter at Rim 8.5cm; Diameter at Footing 3.9cm

敞口，弧腹下收，圈足。外口沿饰两周弦纹，外壁绘山水风景图——远山近水，岸石垂柳，一叶扁舟，一人独钓，青花浓淡相宜，意境悠远；内口沿饰两周弦纹，内底绘双圈山水小景；圈足上饰两周弦纹，底足署青花双圈花押款。

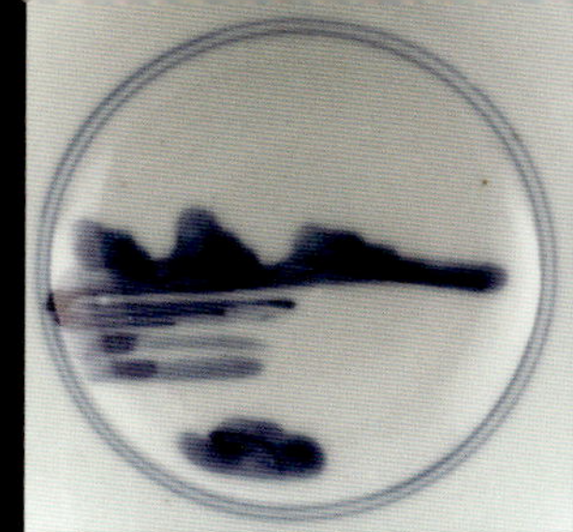

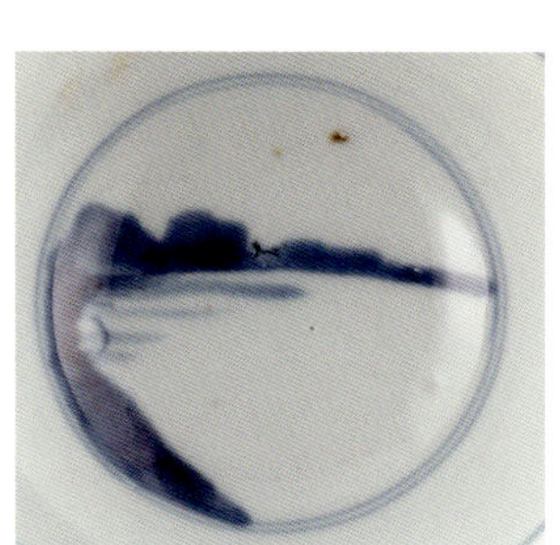

77 青花山水纹碗
Blue-and-white Bowl with a Landscape

高 7、口径 11.1、足径 5 厘米

Height 7cm; Diameter at Rim 11.1cm; Diameter at Footing 5cm

敞口，弧腹下收，圈足。外口沿饰两周弦纹，外壁绘有山水风景图——远山近水，岸石垂柳，一叶扁舟，一人独钓，青花浓淡相宜；内口沿饰两周弦纹，内底绘双圈山水小景；圈足上饰两周弦纹，底足署青花双圈花押款。

78 青花山水纹碗
Blue-and-white Bowl with a Landscape

高 6.9、口径 11.1、足径 4.8 厘米

Height 6.9cm; Diameter at Rim 11.1cm; Diameter at Footing 4.8cm

敞口，弧腹下收，圈足。外口沿饰两周弦纹，外壁绘有山水风景图——远山近水，岸石垂柳，一叶扁舟，一人独钓，青花浓淡相宜，意境悠远；内口沿饰两周弦纹，内底绘双圈山水小景；圈足上饰两周弦纹，底足署青花双圈花押款。

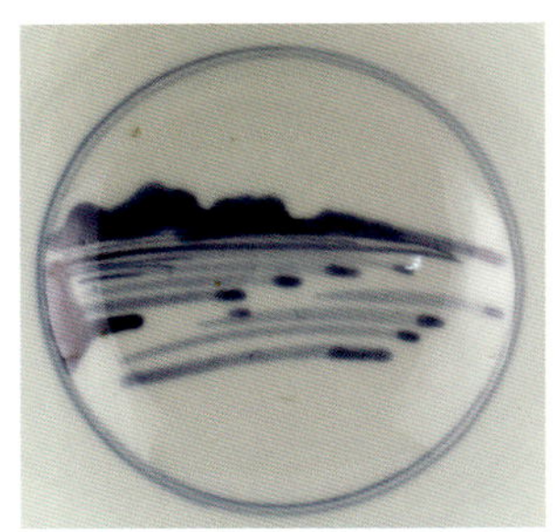

79 青花山水纹碗

Blue-and-white Bowl with a Landscape

高 7.4、口径 11.5、足径 5.1 厘米

Height 7.4cm; Diameter at Rim 11.5cm; Diameter at Footing 5.1cm

敞口，弧腹下收，圈足。外口沿饰两周弦纹，外壁绘有山水风景图——远山近水，岸石树木，一叶扁舟，一人独钓，青花色浓；内口沿饰两周弦纹，内底绘双圈山水小景；圈足上饰两周弦纹，底足署青花双圈花押款。

青花葡萄纹大碗

Blue-and-white Large Bowl with Grapes

高 7.9、口径 15.2、足径 6.5 厘米

Height 7.9cm; Diameter at Rim 15.2cm; Diameter at Footing 6.5cm

撇口，深弧腹下收，圈足。外口沿饰两周弦纹，外壁绘两组葡萄纹——枝干粗壮，枝叶繁茂，葡萄成串；内口沿饰两周弦纹，内底双圈内绘串枝葡萄纹；圈足上饰两周弦纹，底足署青花双圈花押款。

以葡萄为题材的装饰纹样，也称满架葡萄。明清瓷器中，葡萄纹是一个重要的纹饰类别。葡萄纹又分两种：一种是单纯画葡萄，另一种是将葡萄与松鼠配在一起。明成化年间，民窑瓷器上开始大量出现葡萄纹，明后期更是广泛流行，葡萄的枝干、叶、蔓、成熟的果实等均画得较全。到了清初，瓷器上画葡萄纹仍在继续沿用，寓意“福、寿、多子”。

81 青花葡萄纹大碗
Blue-and-white Large Bowl with Grapes

高 7.5、口径 14.2、足径 6.7 厘米

Height 7.5cm; Diameter at Rim 14.2cm; Diameter at Footing 6.7cm

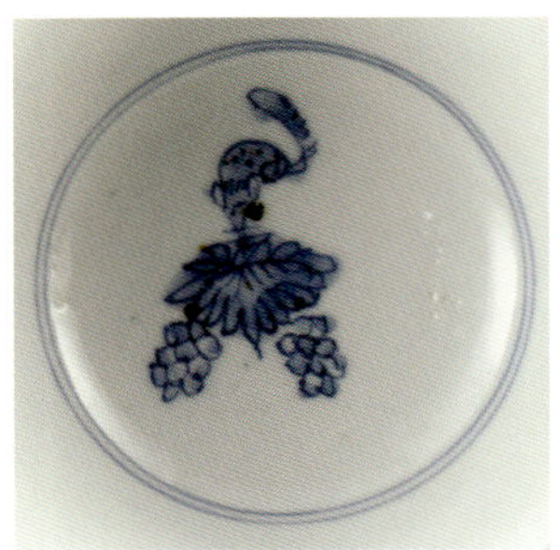

撇口，深弧腹下收，圈足。外口沿饰两周弦纹，外壁一侧绘有一株葡萄，另一侧绘串枝葡萄纹——葡萄枝干粗壮，枝叶繁茂，葡萄成串；内口沿饰两周弦纹，内底双圈内绘串枝葡萄纹；圈足上饰两周弦纹，底足署青花双圈双鱼款。

82 青花葡萄纹大碗

Blue-and-white Large Bowl with Grapes

高 7.7、口径 14.6、足径 6.6 厘米

Height 7.7cm; Diameter at Rim 14.6cm; Diameter at Footing 6.6cm

撇口，深弧腹下收，圈足。外口沿饰两周弦纹，外壁一侧绘一株葡萄，另一侧绘串枝葡萄纹——葡萄枝干粗壮，枝叶繁茂，葡萄成串；内口沿饰两周弦纹，内底双圈内绘串枝葡萄纹；圈足上饰两周弦纹，底足署青花双圈双鱼款。

83 青花螭龙纹小碗

Blue-and-white Small Bowl with Chi-dragons

高 5.9、口径 8.5、足径 4.2 厘米

Height 5.9cm; Diameter at Rim 8.5cm; Diameter at Footing 4.2cm

敞口，斜弧腹下收，小圈足。外口沿饰两周弦纹，外壁绘两条螭龙纹，间以火珠纹；内口沿饰两周弦纹，内底绘双圈火珠纹；圈足上饰两周弦纹，底足署青花双圈花押款。

清康熙时期民窑螭龙纹流行，小碗、小杯常见这类装饰，“碗礁一号”沉船出水瓷器中也常见这类纹饰。

84 青花螭龙纹小碗
Blue-and-white Small Bowl with Chi-dragons

高 5.8、口径 8.6、足径 4 厘米

Height 5.8cm; Diameter at Rim 8.6cm; Diameter at Footing 4cm

敞口，斜弧腹下收，小圈足。外口沿饰两周弦纹，外壁绘两条螭龙纹，间以火珠纹；内口沿饰两周弦纹，内底绘双圈火珠纹；圈足上饰两周弦纹，底足署青花双圈花押款。

85 青花螭龙纹小碗
Blue-and-white Small Bowl with Chi-dragons

高 5.8、口径 8.6、足径 3.8 厘米

Height 5.8cm; Diameter at Rim 8.6cm; Diameter at Footing 3.8cm

敞口，斜弧腹下收，小圈足。外口沿饰两周弦纹，外壁绘两条螭龙纹，间以火珠纹；内口沿饰两周弦纹，内底绘双圈火珠纹；圈足上绘两周弦纹，底足署青花双圈花押款。

86 青花婴戏纹小碗

Blue-and-white Small Bowl with Children Playing in a Garden

高 5.4、口径 8.3、足径 3.8 厘米

Height 5.4cm; Diameter at Rim 8.3cm; Diameter at Footing 3.8cm

敞口，斜弧腹下收，圈足微外撇。外壁绘婴戏舞乐、洞石草木图；内底绘一儿童；底足署青花双圈花押款。

87 青花婴戏纹小碗

Blue-and-white Small Bowl with Children Playing in a Garden

高 5.6、口径 8.3、足径 3.8 厘米

Height 5.6cm; Diameter at Rim 8.3cm; Diameter at Footing 3.8cm

敞口，斜弧腹下收，圈足微外撇。外壁绘婴戏舞乐、洞石草木图；内底绘一儿童；底足署青花双圈花押款。

88 青花婴戏纹小碗

Blue-and-white Small Bowl with Children Playing in a Garden

高 5.5、口径 8.3、足径 3.8 厘米

Height 5.5cm; Diameter at Rim 8.3cm; Diameter at Footing 3.8cm

敞口，斜弧腹下收，圈足微外撇。外壁绘婴戏舞乐、洞石草木图；内底绘一儿童；底足署青花双圈花押款。

89 青花婴戏纹小碗
Blue-and-white Small Bowl with Children Playing in a Garden

高 5.4、口径 8.2、足径 4 厘米

Height 5.4cm; Diameter at Rim 8.2cm; Diameter at Footing 4cm

敞口，斜弧腹下收，圈足微外撇。外口沿饰两周弦纹，外壁绘有庭院婴戏图；内口沿饰两周弦纹，内底绘双圈栏杆图；圈足上饰两周弦纹，底足署青花双圈花押款。

90 青花松鹿纹小碗
Blue-and-white Small Bowl with Deer under Pine Trees

高 4.5、口径 8.7、足径 4 厘米

Height 4.5cm; Diameter at Rim 8.7cm; Diameter at Footing 4cm

撇口，深弧腹下收，圈足微外撇。外壁通绘松树、鹿、花草、祥云纹饰；底足署青花双圈花押款。

“鹿”在古代被视为祥瑞之兽，与“禄”谐音，是中国的传统装饰纹样，一种吉祥的符号象征。明清时期流行用谐音来寓意吉祥的纹样，鹿的题材纹饰也愈加丰富多彩，鹿纹常与蝠（福）、寿桃（寿）组合成“福禄寿”吉祥图案，而用松鹿图来暗喻“福禄寿”，就是更高层次的表现了。

91 青花松鹿纹小碗
Blue-and-white Small Bowl with Deer under Pine Trees

高 4.7、口径 8.9、足径 3.8 厘米

Height 4.7cm; Diameter at Rim 8.9cm; Diameter at Footing 3.8cm

撇口，深弧腹下收，圈足微外撇。外壁通绘松树、鹿、花草、祥云纹饰；底足署青花双圈花押款。

92 青花松鹿纹小碗

Blue-and-white Small Bowl with Deer under Pine Trees

高 4.9、口径 8.8、足径 4 厘米

Height 4.9cm; Diameter at Rim 8.8cm; Diameter at Footing 4cm

撇口，深弧腹下收，圈足。外壁通绘松树、鹿、花草、祥云纹饰，松树枝繁叶茂；底足署青花双圈花押款。

93 青花松鹿纹小碗

Blue-and-white Small Bowl with Deer under Pine Trees

高 4.9、口径 8.9、足径 4 厘米

Height 4.9cm; Diameter at Rim 8.9cm; Diameter at Footing 4cm

撇口，深弧腹下收，圈足。外口沿饰两周弦纹，外壁通绘松树、鹿、祥云纹饰；内口沿饰两周弦纹，内底绘双圈花卉纹；圈足上饰两周弦纹，底足署青花双圈花押款。

94 青花洞石花卉纹碗
Blue-and-white Bowl with Flowers and Rocks

高 7.1、口径 11.4、足径 7.8 厘米

Height 7.1cm; Diameter at Rim 11.4cm; Diameter at Footing 7.8cm

敞口，深弧腹下收，圈足微外撇。外口沿饰两周弦纹，外壁绘洞石花卉纹；内口沿饰两周弦纹，内底绘双圈兰草纹；圈足上饰两周弦纹，底足署青花双圈花押款。

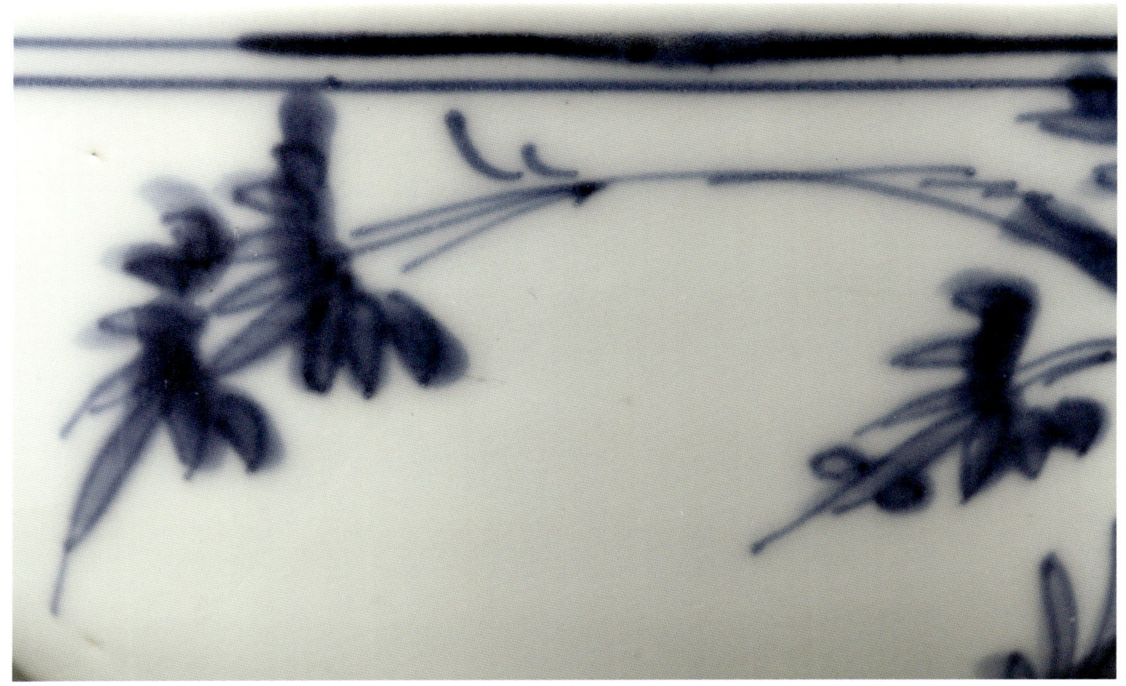

95 青花洞石花卉纹碗
Blue-and-white Bowl with Flowers and Rocks

高 7.2、口径 11.7、足径 7.8 厘米

Height 7.2cm; Diameter at Rim 11.7cm; Diameter at Footing 7.8cm

敞口，深弧腹下收，圈足微外撇。外口沿饰两周弦纹，外壁绘有洞石花卉纹；内口沿饰两周弦纹，内底绘双圈兰草纹；圈足上饰两周弦纹，底足署青花双圈花押款。

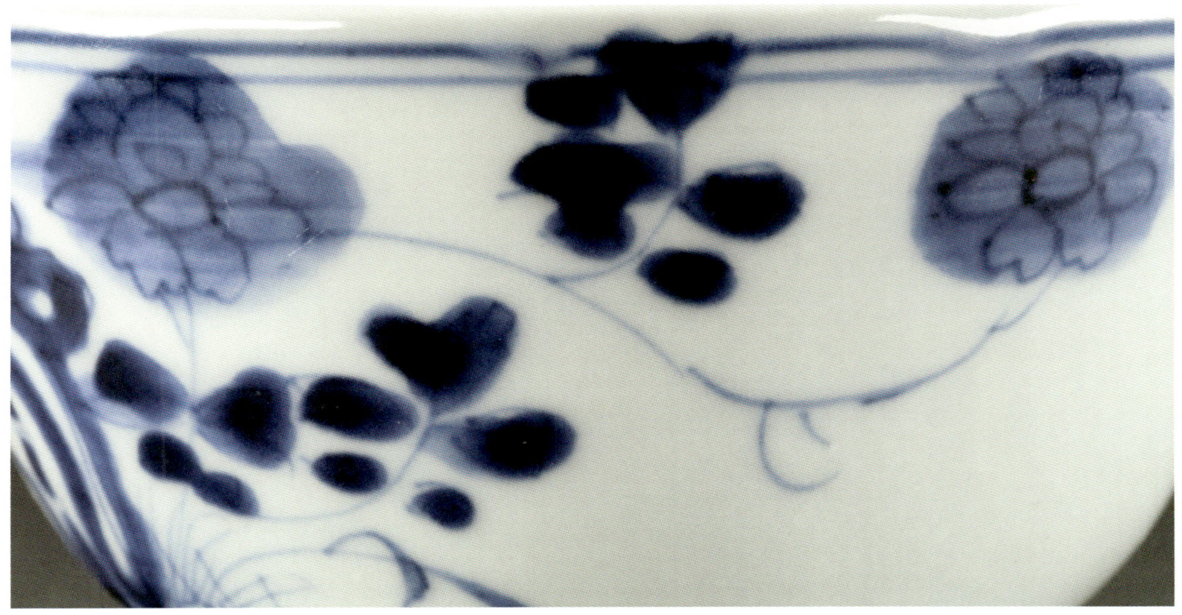

96 青花洞石花卉纹碗
Blue-and-white Bowl with Flowers and Rocks

高 6.9、口径 11.1、足径 5.4 厘米

Height 6.9cm; Diameter at Rim 11.1cm; Diameter at Footing 5.4cm

敞口，深弧腹下收，圈足微外撇。外口沿饰两周弦纹，外壁一侧绘洞石花卉纹，另一侧绘一飞鸟；内口沿饰两周弦纹，内底绘双圈兰草纹；圈足上饰两周弦纹，底足署青花双圈花押款。

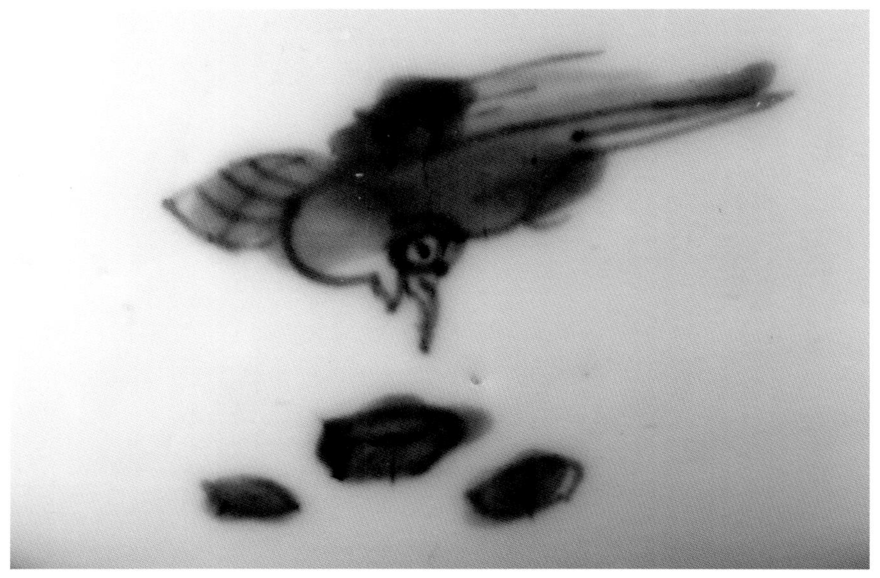

地纹，外壁绘四组折枝花卉纹，下绘一周缠枝莲纹边饰；内口沿饰一周斜线三角形锦地边饰，内底绘一朵菊花；底足署青花双圈花押款。

98 青花折枝花卉纹碗
Blue-and-white Bowl with Floral Sprays

高 5.9、口径 11.4、足径 5.4 厘米

Height 5.9cm; Diameter at Rim 11.4cm; Diameter at Footing 5.4cm

敞口，深弧腹下收，圈足。外口沿饰一周龟背锦地纹，外壁绘四组折枝花卉纹，下绘一周缠枝莲纹边饰；内口沿饰一周斜线三角锦地边饰，内底绘一朵菊花；底足署青花双圈花押款。

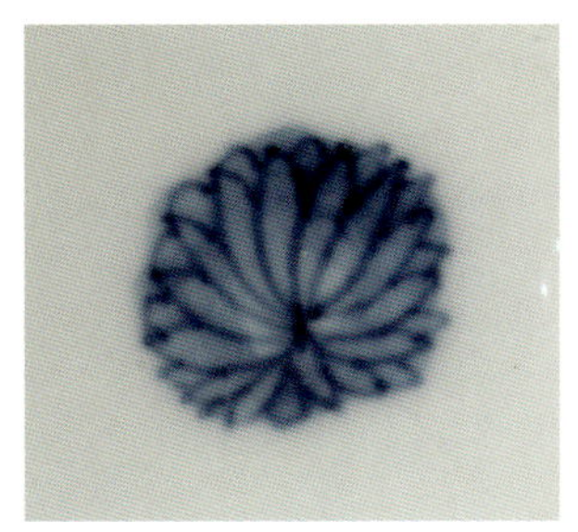

99 青花折枝花卉纹碗
Blue-and-white Bowl with Floral Sprays

高 5.8、口径 11.6、足径 5.6 厘米

Height 5.8cm; Diameter at Rim 11.6cm; Diameter at Footing 5.6cm

敞口，深弧腹下收，圈足。外口沿饰一周龟背锦地纹，外壁绘四组折枝花卉纹，下绘一周缠枝莲纹边饰；内口沿饰一周斜线三角形锦地边饰，内底绘一朵菊花；底足署青花双圈花押款。

100 青花"鹬蚌相争，渔翁得利"图碗

Blue-and-white Bowl Depicting the Scene of Fisherman Benefits from the Fight Between Snipe and Mussel

高 7.6、口径 15、足径 6.5 厘米

Height 7.6cm; Diameter at Rim 15cm; Diameter at Footing 6.5cm

撇口，斜弧腹下收，圈足。外口沿饰两周弦纹，外壁绘中国传统民间故事"鹬蚌相争，渔翁得利"图，形象地描绘了鹬蚌相争和渔翁腰系鱼篓在旁等候的场景，更有远山近水、岸石垂柳作为衬景；内口沿饰两周弦纹，内底绘双圈山水小景图；圈足上饰两周弦纹，底足署青花双圈花押款。

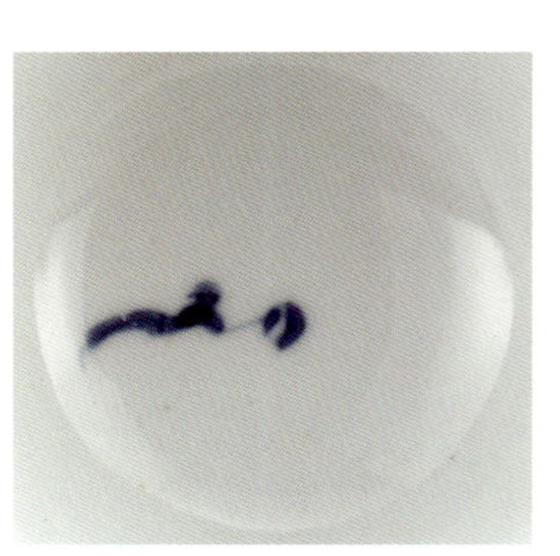

101 青花螭龙纹碗
Blue-and-white Bowl with Chi-dragons

高 7.3、口径 11.5、足径 5 厘米

Height 7.3cm; Diameter at Rim 11.5cm; Diameter at Footing 5cm

敞口，深弧腹下收，圈足。外壁绘螭龙火珠纹；内底绘一火珠纹；底足署青花双圈花押款。

102 青花螭龙纹碗
Blue-and-white Bowl with Chi-dragons

高 7.4、口径 11.3、足径 5.3 厘米

Height 7.4cm; Diameter at Rim 11.3cm; Diameter at Footing 5.3cm

敞口，深弧腹下收，圈足。外壁绘螭龙火珠纹；内底绘一火珠纹；底足署青花双圈花押款。

103 青花螭龙纹碗
Blue-and-white Bowl with Chi-dragons

高 7.4、口径 11.4、足径 5 厘米

Height 7.4cm; Diameter at Rim 11.4cm; Diameter at Footing 5cm

敞口，深弧腹下收，圈足。外壁绘螭龙火珠纹；内底绘一火珠纹；底足署青花双圈花押款。

104 青花莲托杂宝纹小碗

Blue-and-white Small Bowl with Miscellaneous Buddhist Emblems on Lotus

高 5.8、口径 8.4、足径 3.9 厘米

Height 5.8cm; Diameter at Rim 8.4cm; Diameter at Footing 3.9cm

敞口，斜弧腹，圈足。外口沿饰两周弦纹，外壁绘杂宝缠枝莲纹；内口沿饰两周弦纹，内底绘双圈杂宝纹；圈足上饰两周弦纹，底足署青花双圈花押款。

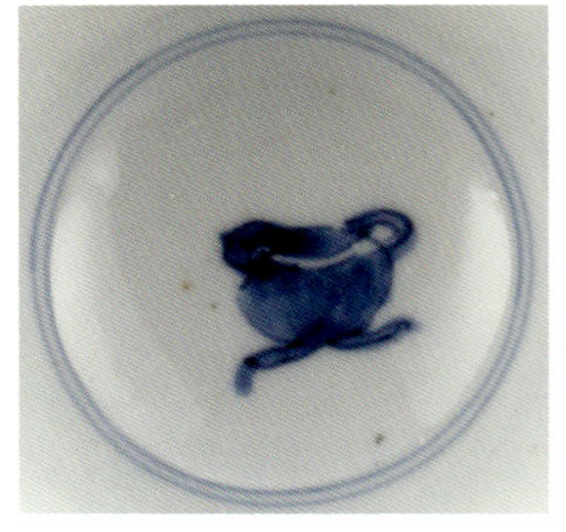

105 青花莲托杂宝纹小碗

Blue-and-white Small Bowl with Miscellaneous Buddhist Emblems on Lotus

高 5.8、口径 8.4、足径 3.9 厘米

Height 5.8cm; Diameter at Rim 8.4cm; Diameter at Footing 3.9cm

敞口，斜弧腹，圈足。外口沿饰两周弦纹，外壁绘杂宝缠枝莲纹；内口沿饰两周弦纹，内底绘双圈杂宝纹；圈足上饰两周弦纹，底足署青花双圈花押款。

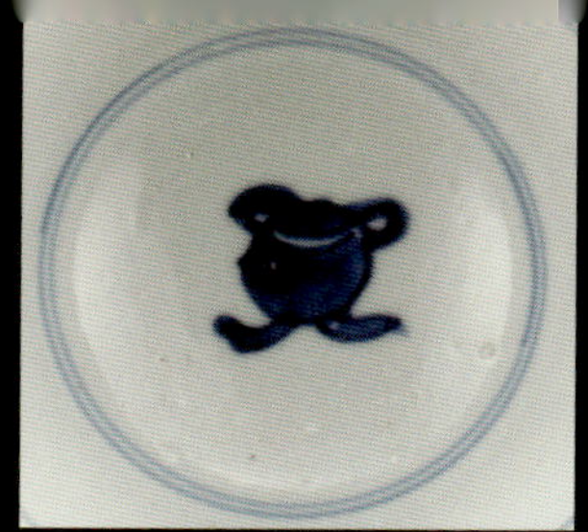

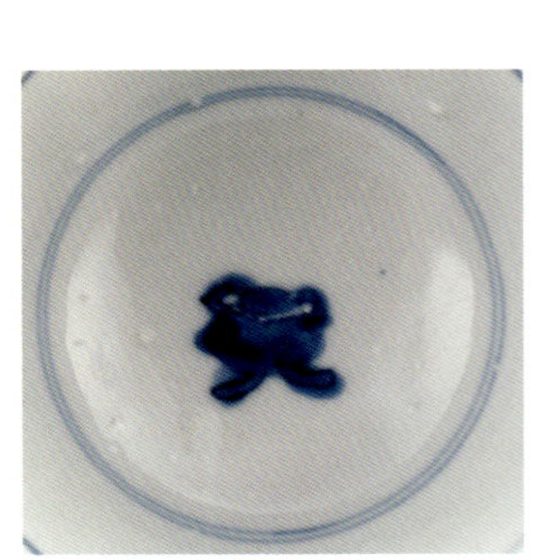

106 青花莲托杂宝纹小碗
Blue-and-white Small Bowl with Miscellaneous Buddhist Emblems on Lotus

高 5.8、口径 8.4、足径 4.1 厘米

Height 5.8cm; Diameter at Rim 8.4cm; Diameter at Footing 4.1cm

敞口，斜弧腹，圈足。外口沿饰两周弦纹，外壁绘杂宝缠枝莲纹；内口沿饰两周弦纹，内底绘双圈杂宝纹；圈足上饰两周弦纹，底足署青花双圈花押款。

107 青花莲托杂宝纹碗
Blue-and-white Bowl with Miscellaneous Buddhist Emblems on Lotus

高 7.2、口径 11.5、足径 5.2 厘米

Height 7.2cm; Diameter at Rim 11.5cm; Diameter at Footing 5.2cm

敞口，斜弧腹，圈足。外口沿饰两周弦纹，外壁绘杂宝缠枝莲纹；内口沿饰两周弦纹，内底绘双圈杂宝纹；圈足上饰两周弦纹，底足署青花双圈花押款。

108 青花杂宝纹碗

Blue-and-white Bowl with Miscellaneous Buddhist Emblems

高 7.3、口径 11.2、足径 5 厘米

Height 7.3cm; Diameter at Rim 11.2cm; Diameter at Footing 5cm

敞口，斜弧腹下收，圈足。外壁绘有杂宝纹，上下错落分置；内底绘一杂宝纹；底足署青花双圈花押款。

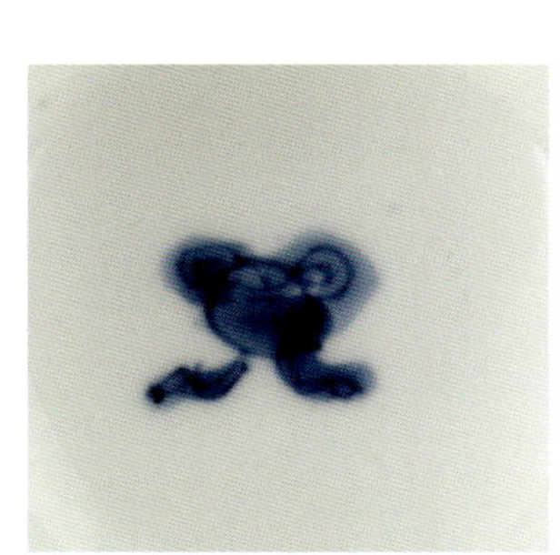

109 青花杂宝纹碗
Blue-and-white Bowl with Miscellaneous Buddhist Emblems

高 7.3、口径 11.5、足径 5.2 厘米

Height 7.3cm; Diameter at Rim 11.5cm; Diameter at Footing 5.2cm

敞口，斜弧腹下收，圈足。外壁绘有杂宝纹，上下错落分置；内底绘一杂宝纹；底足署青花双圈花押款。

110 青花杂宝纹小碗

Blue-and-white Small Bowl with Miscellaneous Buddhist Emblems

高 6、口径 8.5、足径 3.7 厘米

Height 6cm; Diameter at Rim 8.5cm; Diameter at Footing 3.7cm

敞口，深弧腹，平底，圈足。里外满釉，底部露胎。外壁绘有杂宝纹，上下错落分置；内底绘一杂宝纹；底足署青花双圈花押款。

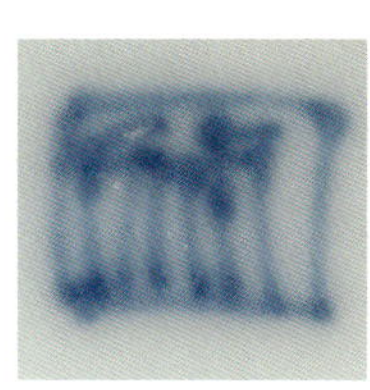

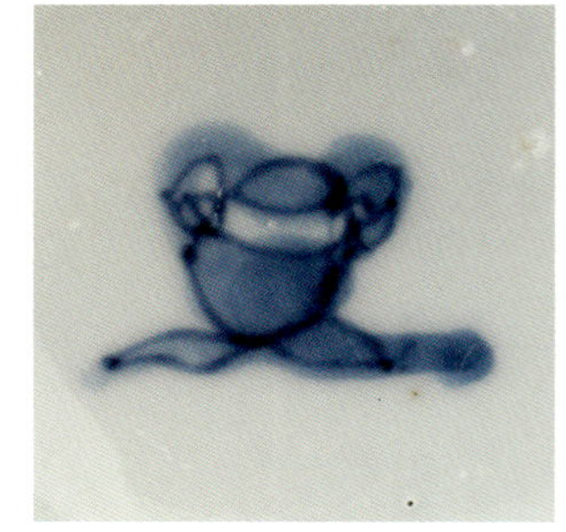

111 青花花鸟纹小碗

Blue-and-white Small Bowl with Birds and Flowers

高 5.8、口径 8.6、足径 4 厘米

Height 5.8cm; Diameter at Rim 8.6cm; Diameter at Footing 4cm

敞口，斜弧腹，圈足。外壁绘三组花鸟团花纹，间以昆虫叶片点缀；内底绘一折枝花；底足署青花双圈花押款。

112 青花狩猎图碗
Blue-and-white Bowl with a Hunting Scene

高 7.7、口径 14.6、足径 6.7 厘米

Height 7.7cm; Diameter at Rim 14.6cm; Diameter at Footing 6.7cm

撇口，深弧腹下收，圈足。外口沿饰两周弦纹，外壁绘猎人骑马狩猎场景图，画面形象而生动；内口沿饰两周弦纹，内底绘双圈江中独钓图；圈足上饰两周弦纹，底足署青花双圈花押款。

113 青花渔家乐纹浅腹碗
Blue-and-white Shallow Bowl with a Fishing Scene

高 4、口径 11、足径 5.7 厘米

Height 4cm; Diameter at Rim 11cm; Diameter at Footing 5.7cm

敞口，斜弧腹下收，直圈足。内口沿饰一周弦纹，内壁绘有一幅渔家乐图，画面形象生动，反映了渔民们的闲暇生活；底足署青花双圈花押款。

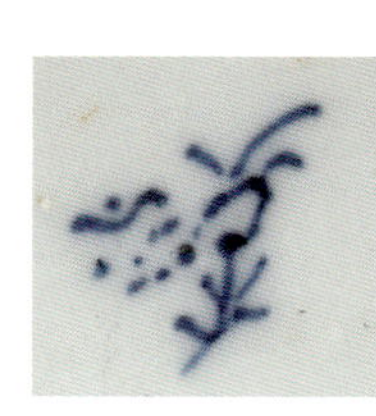

114 青花渔家乐纹浅腹碗
Blue-and-white Shallow Bowl with a Fishing Scene

高 4.1、口径 10.9、足径 5.7 厘米

Height 4.1cm; Diameter at Rim 10.9cm; Diameter at Footing 5.7cm

敞口，斜弧腹下收，直圈足。内口沿饰一周弦纹，内壁绘有一幅渔家乐图；底足署青花双圈花押款。

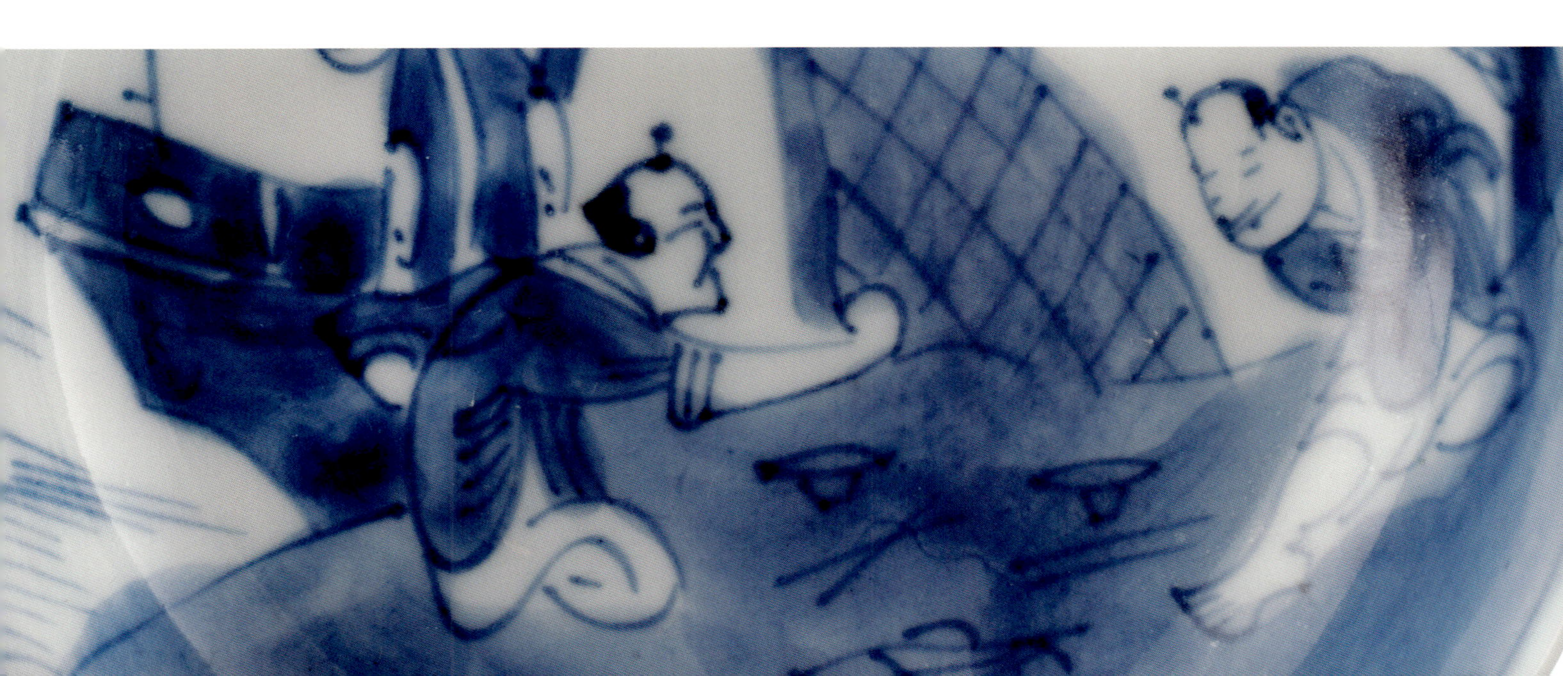

115 青花渔家乐纹浅腹碗

Blue-and-white Shallow Bowl with a Fishing Scene

高 4、口径 10.8、足径 5.5 厘米

Height 4cm; Diameter at Rim 10.8cm; Diameter at Footing 5.5cm

敞口，斜弧腹下收，直圈足。内口沿饰一周弦纹，内壁绘有一幅渔家乐图；底足署青花双圈花押款。

116 青花渔家乐纹浅腹碗
Blue-and-white Shallow Bowl with a Fishing Scene

高 4.5、口径 13、足径 6.2 厘米

Height 4.5cm; Diameter at Rim 13cm; Diameter at Footing 6.2cm

敞口，斜弧腹下收，直圈足。内口沿饰一周弦纹，内壁绘有一幅渔家乐图，图中天上还有一队大雁飞过；底足署青花双圈花押款。

117 青花渔家乐纹浅腹碗

Blue-and-white Shallow Bowl with a Fishing Scene

高 4.6、口径 13、足径 6.4 厘米

Height 4.6cm; Diameter at Rim 13cm; Diameter at Footing 6.4cm

敞口，斜弧腹下收，直圈足。内口沿饰一周弦纹，内壁绘有一幅渔家乐图，图中以较为细腻的线条描绘了河水等景色，天上还有一队大雁飞过；底足署青花双圈花押款。

118 青花渔家乐纹浅腹碗

Blue-and-white Shallow Bowl with a Fishing Scene

高 4.7、口径 12.2、足径 6.3 厘米

Height 4.7cm; Diameter at Rim 12.2cm; Diameter at Footing 6.3cm

敞口，斜弧腹下收，直圈足。内口沿饰一周弦纹，内壁绘有一幅渔家乐图，图中天上还有一队大雁飞过，青花浓淡相宜；底足署青花双圈花押款。

119 青花凤穿牡丹纹浅腹碗

Blue-and-white Shallow Bowl with Phoenix amid Peonies

高 4、口径 11、足径 5.8 厘米

Height 4cm; Diameter at Rim 11cm; Diameter at Footing 5.8cm

敞口，斜弧腹下收，直圈足。内口沿饰一周弦纹，内壁满绘凤凰牡丹图，牡丹怒放，凤凰绘画细致；底足署青花双圈花押款。

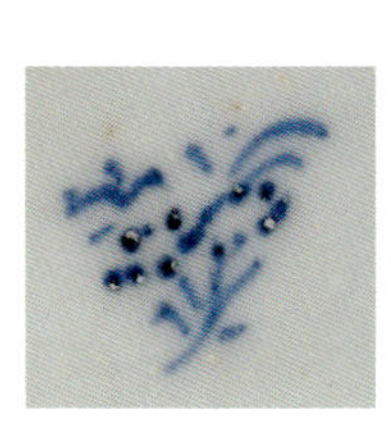

120 青花凤穿牡丹纹浅腹碗
Blue-and-white Shallow Bowl with Phoenix amid Peonies

高 4.1、口径 11、足径 5.5 厘米

Height 4.1cm; Diameter at Rim 11cm; Diameter at Footing 5.5cm

敞口，斜弧腹下收，直圈足。内口沿饰一周弦纹，内壁满绘凤凰牡丹图，寓意富贵吉祥；底足署青花双圈花押款。

121 青花凤穿牡丹纹浅腹碗

Blue-and-white Shallow Bowl with Phoenix amid Peonies

高 4、口径 10.9、足径 5.8 厘米

Height 4cm; Diameter at Rim 10.9cm; Diameter at Footing 5.8cm

敞口，斜弧腹下收，直圈足。内口沿饰一周弦纹，内壁满绘凤凰牡丹图；底足署青花双圈花押款。

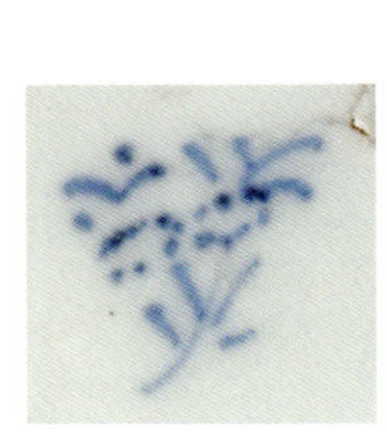

122 青花凤穿牡丹纹浅腹碗

Blue-and-white Shallow Bowl with Phoenix amid Peonies

高 4.9、口径 12.7、足径 6 厘米

Height 4.9cm; Diameter at Rim 12.7cm; Diameter at Footing 6cm

敞口，斜弧腹下收，直圈足。内口沿饰一周弦纹，内壁满绘凤凰牡丹图，两株牡丹怒放，凤凰或翱翔，或挺立，画面丰满；底足署青花双圈花押款。

123 青花凤穿牡丹纹浅腹碗
Blue-and-white Shallow Bowl with Phoenix amid Peonies

高 5、口径 12.9、足径 6.3 厘米

Height 5cm; Diameter at Rim 12.9cm; Diameter at Footing 6.3cm

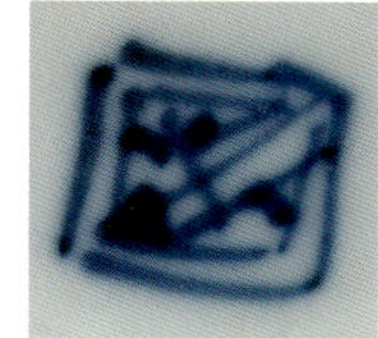

敞口，斜弧腹下收，直圈足。内壁满绘凤凰牡丹图，纹饰轮廓线鲜明；底足署青花双圈花押款。

124 青花山水人物纹浅腹碗
Blue-and-white Shallow Bowl with Figures in a Landscape

高 4.6、口径 12.5、足径 6.2 厘米

Height 4.6cm; Diameter at Rim 12.5cm; Diameter at Footing 6.2cm

敞口，斜弧腹下收，直圈足。内口沿饰一周弦纹，内壁满绘山水人物图，远处为层峦叠嶂的山脉，中间为宽阔河流，有人在河中泛舟漂流，近处则为芳草繁密、树木挺拔的河岸，绘画丰富，颇有中国山水人物画的意境之美；底足署青花双圈花押款。

125 青花山水人物纹浅腹碗

Blue-and-white Shallow Bowl with Figures in a Landscape

高 4.9、口径 12.8、足径 6.3 厘米

Height 4.9cm; Diameter at Rim 12.8cm; Diameter at Footing 6.3cm

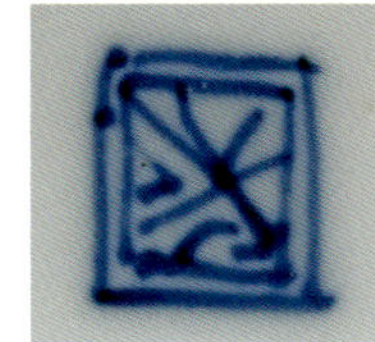

敞口，斜弧腹下收，直圈足。内口沿饰一周弦纹，内壁满绘山水人物图，远处为层峦叠嶂的山脉，中间为宽阔河流，有人在河中泛舟漂流，近处则为芳草繁密、树木挺拔的河岸，绘画丰富，颇有中国山水人物画的意境之美；底足署青花双圈花押款。

126 青花山水人物纹浅腹碗
Blue-and-white Shallow Bowl with Figures in a Landscape

高 4.9、口径 12.9、足径 6.2 厘米

Height 4.9cm; Diameter at Rim 12.9cm; Diameter at Footing 6.2cm

敞口，斜弧腹下收，直圈足。内口沿饰一周弦纹，内壁满绘山水人物图，远处为层峦叠嶂的山脉，中间为宽阔河流，有人在河中泛舟漂流，近处则为芳草繁密、树木挺拔的河岸，绘画丰富，颇有中国山水人物画的意境之美；底足署青花双圈花押款。

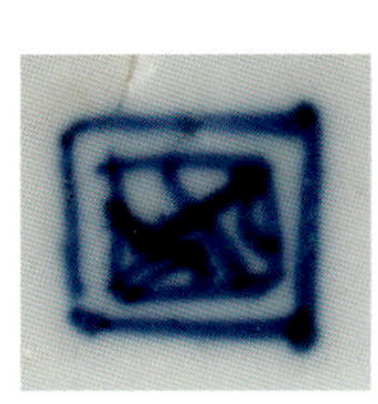

127 青花湖石花卉纹菱口盘
Blue-and-white Lobed Dish with Flowers and Rocks

高 3.4、口径 16.3、足径 9 厘米

Height 3.4cm; Diameter at Rim 16.3cm; Diameter at Footing 9cm

菱口，口、腹为十二瓣菱花形，浅弧腹，平底，矮圈足。内口沿绘十二朵连枝十字花卉边饰，内壁十二开光内绘折枝花，盘心绘湖石花卉纹；外口沿、外壁与内口沿、内壁纹饰相同；底足署青花双圈花押款。

该类菱口盘造型精美，纹饰丰满而富有层次，体现了清康熙时期民窑制瓷技艺的高超。

128 青花湖石花卉纹菱口盘
Blue-and-white Lobed Dish with Flowers and Rocks

高 3.8、口径 22、足径 12.3 厘米

Height 3.8cm; Diameter at Rim 22cm; Diameter at Footing 12.3cm

菱口，口、腹为十六瓣菱花形，浅弧腹，平底，矮圈足。内口沿绘十六朵连枝十字花卉边饰，内壁十六小开光内绘折枝花，盘心绘湖石花卉纹；外口沿、外壁与内口沿、内壁纹饰相同；底足署青花双圈花押款。

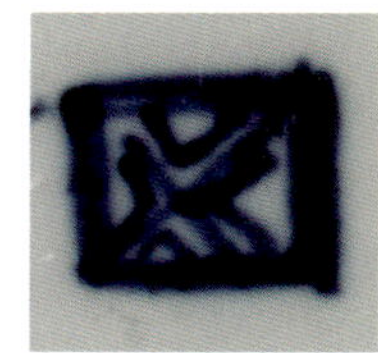

128 青花湖石花卉纹菱口盘局部
Details of Blue-and-white Lobed Dish with Flowers and Rocks

129 青花湖石花卉纹菱口盘
Blue-and-white Lobed Dish with Flowers and Rocks

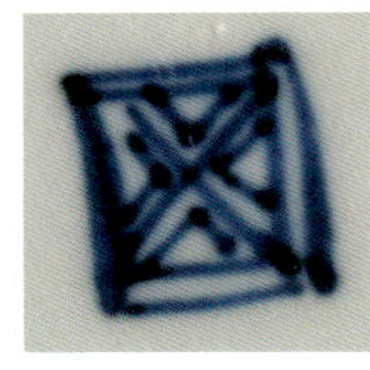

高 3.9、口径 21.9、足径 11 厘米

Height 3.9cm; Diameter at Rim 21.9cm; Diameter at Footing 11cm

菱口，口、腹为十六瓣菱花形，浅弧腹，平底，矮圈足。内口沿绘十六朵连枝十字花卉边饰，内壁十六小开光内绘折枝花，盘心绘湖石花卉纹；外口沿、外壁与内口沿、内壁纹饰相同；底足署青花双圈花押款。

129 青花湖石花卉纹菱口盘及局部
Blue-and-white Lobed Dish with Flowers and Rocks and Details

130 青花湖石花卉纹菱口盘
Blue-and-white Lobed Dish with Flowers and Rocks

高 4、口径 21.5、足径 11.3 厘米

Height 4cm; Diameter at Rim 21.5cm; Diameter at Footing 11.3cm

菱口，口、腹为十六瓣菱花形，浅弧腹，平底，矮圈足。内口沿绘十六朵连枝十字花卉边饰，内壁十六小开光内绘折枝花，盘心绘湖石花卉纹；外口沿、外壁与内口沿、内壁纹饰相同；底足署青花双圈花押款。

131 青花双犄牡丹纹盘
Blue-and-white Dish with Double Peonies

高 2.9、口径 21.6、足径 11 厘米

Height 2.9cm; Diameter at Rim 21.6cm; Diameter at Footing 11cm

平折沿，浅弧腹，平底，矮圈足。内壁为冰梅地八开光，开光内绘折枝花卉纹，盘心绘一圈缠枝花拱卫着一株双犄牡丹，这是清初牡丹十分流行的画法；外壁绘两组青花折枝花；底足署青花双圈花押款。

这件瓷盘是明晚期“克拉克瓷”的典型画风，是当时流行的大宗外销瓷。

132 青花双犄牡丹纹盘
Blue-and-white Dish with Double Peonies

高 3.9、口径 21.8、足径 11.8 厘米

Height 3.9cm; Diameter at Rim 21.8cm; Diameter at Footing 11.8cm

平折沿，浅弧腹，平底，矮圈足。内口沿绘菱格锦地六开光花卉纹边饰，内壁绘六朵连枝花卉纹，盘心绘一圈缠枝花拱卫着一株双犄牡丹；外壁饰三组折枝花纹；底足署青花双圈花押款。

133 青花双犄牡丹纹盘
Blue-and-white Dish with Double Peonies

高 3.5、口径 22、足径 11.7 厘米

Height 3.5cm;
Diameter at Rim 22cm;
Diameter at Footing 11.7cm

平折沿，浅弧腹，平底，矮圈足。内口沿绘菱格锦地六开光花卉纹边饰，内壁绘六朵连枝花卉纹，盘心绘一圈缠枝花拱卫着一株双犄牡丹；外壁饰三组折枝花纹；底足署青花双圈花押款。

134 青花双犄牡丹纹盘

Blue-and-white Dish with Double Peonies

高 3.2、口径 21.9、足径 12.7 厘米

Height 3.2cm; Diameter at Rim 21.9cm; Diameter at Footing 12.7cm

平折沿，浅弧腹，平底，矮圈足。内口沿绘菱格锦地六开光花卉纹边饰，内壁绘六朵连枝花卉纹，盘心绘一圈缠枝花拱卫着一株双犄牡丹；外壁饰三组折枝花纹；底足署青花双圈花押款。

135 青花折枝花卉纹盘
Blue-and-white Dish with Floral Sprays

高 2.4、口径 16、足径 8.7 厘米

Height 2.4cm; Diameter at Rim 16cm; Diameter at Footing 8.7cm

平折沿，浅弧腹，平底，矮圈足。内口沿饰一周龟背锦地纹，内壁绘四组折枝花卉纹，盘心绘一朵菊花，周围饰一圈缠枝莲纹；外壁绘三组折枝花卉纹；底足署青花双圈花押款。

该盘器形规整，纹饰精美，层次分明，青花颜色明丽，“碗礁一号”沉船出水瓷器中多见。

136 青花折枝花卉纹盘

Blue-and-white Dish with Floral Sprays

高 2.5、口径 16.2、足径 8.5 厘米

Height 2.5cm; Diameter at Rim 16.2cm; Diameter at Footing 8.5cm

平折沿，浅弧腹，平底，矮圈足。内口沿饰一周龟背锦地纹，内壁绘四组折枝花卉纹，盘心绘一朵菊花，周围饰一圈缠枝莲纹；外壁绘三组折枝花卉纹；底足署青花双圈花押款。

137 青花折枝花卉纹盘

Blue-and-white Dish with Floral Sprays

高 2.3、口径 15.8、足径 8.8 厘米

Height 2.3cm; Diameter at Rim 15.8cm; Diameter at Footing 8.8cm

平折沿，浅弧腹，平底，矮圈足。内口沿饰一周龟背锦地纹，内壁绘四组折枝花卉纹，盘心绘一朵菊花，周围饰一圈缠枝莲纹；外壁绘三组折枝花卉纹；底足署青花双圈花押款。

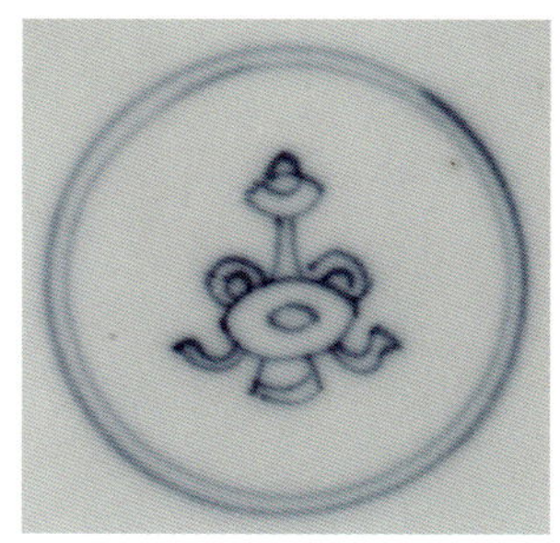

138 青花凤穿牡丹纹盘
Blue-and-white Dish with Phoenix amid Peonies

高 4.4、口径 15.9、足径 6.6 厘米

Height 4.4cm; Diameter at Rim 15.9cm; Diameter at Footing 6.6cm

撇口，斜弧腹下收，直圈足。内口沿饰一周弦纹，内壁满绘凤凰牡丹图，两株牡丹怒放，凤凰或翱翔，或挺立，画面丰满，青花浓淡相宜；底足署青花双圈花押款。

139 青花凤穿牡丹纹盘

Blue-and-white Dish with Phoenix amid Peonies

高 4.5、口径 15.9、足径 6.6 厘米

Height 4.5cm; Diameter at Rim 15.9cm; Diameter at Footing 6.6cm

撇口，斜弧腹下收，直圈足。内口沿饰一周弦纹，内壁满绘凤凰牡丹图，两株牡丹怒放，凤凰或翱翔，或挺立，画面丰满；底足署青花双圈花押款。

140 青花人物纹盘（残）
Blue-and-white Dish with Figures (Shard)

撇口。内壁绘有侍女婴戏图，仕女手持蒲扇，一旁有儿童玩乐，洞石、树木为衬；外壁绘两枝竹叶纹；底足署青花双圈花押款。

141 青花人物纹盘
Blue-and-white Dish with Figures

高 2.6、口径 16.2、足径 9.3 厘米

Height 2.6cm; Diameter at Rim 16.2cm; Diameter at Footing 9.3cm

撇口。内口沿饰一周弦纹，内壁绘有侍女婴戏图，仕女手持蒲扇，身边两个小童在玩耍，旁边洞石、树木为衬；外壁绘两枝竹叶纹；底足署青花双圈花押款。

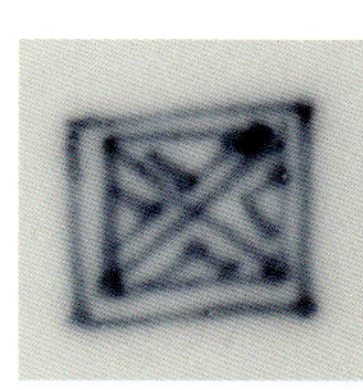

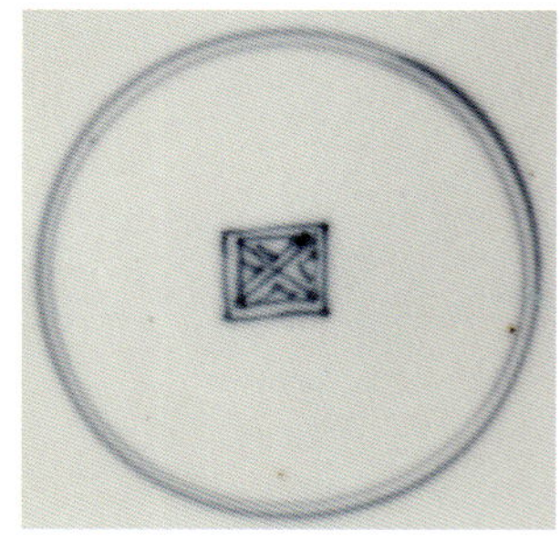

云龙纹是瓷器装饰中龙纹的一种，构图上以龙和云组成纹饰，龙为主纹，云为辅纹，堪称一种定型的纹饰。始见于唐宋瓷器，元明清时期，云龙纹盛行。康熙龙纹是历代龙纹形象中最为凶猛的，身姿矫健、富有弹性，这件民窑青花龙纹盘，虽然不及官窑的精细，但也是清康熙时期龙纹的真实写照。

142 青花云龙纹盘
Blue-and-white Dish with Dragon amid Clouds

高 2.2、口径 15.9、足径 8.3 厘米

Height 2.2cm; Diameter at Rim 15.9cm; Diameter at Footing 8.3cm

平折沿，浅弧腹，平底，矮圈足。内口沿饰一周冰梅地海涛纹，盘心绘有赶珠龙纹，龙纹矫健，富有弹力，云纹环绕；外壁绘四组杂宝纹；底足署青花双圈花押款。

143 青花云龙纹盘
Blue-and-white Dish with Dragon amid Clouds

高 2.5、口径 15.6、足径 8.4 厘米

Height 2.5cm; Diameter at Rim 15.6cm; Diameter at Footing 8.4cm

平折沿，浅弧腹，平底，矮圈足。内口沿饰一周冰梅地海涛纹，盘心绘有赶珠龙纹，龙纹矫健，富有弹力，云纹环绕；外壁绘四组杂宝纹；底足署青花双圈花押款。

144 青花云龙纹盘
Blue-and-white Dish with Dragon amid Clouds

高 2.4、口径 15.7、足径 8.1 厘米

Height 2.4cm; Diameter at Rim 15.7cm; Diameter at Footing 8.1cm

平折沿，浅弧腹，平底，矮圈足。内口沿饰一周冰梅地海涛纹，盘心绘有赶珠龙纹，龙纹矫健，富有弹力，云纹环绕；外壁绘四组杂宝纹；底足署青花双圈花押款。

145 青花杂宝博古纹大盒

Blue-and-white Large Box with Antiquities and Miscellaneous Buddhist Emblems

通高 5.8、直径 11.1、足径 7.3 厘米

Height 5.8cm; Diameter at Rim 11.1cm; Diameter at Footing 7.3cm

子母口，盒身为子口，盖为母口。盒口内敛，弧腹斜收，圈足；盖浅弧腹，平顶。盒身外壁上下各饰一周弦纹，中间绘四组杂宝纹；盖外壁绘四组杂宝纹，顶部中间绘青花双圈博古图。底足署青花双圈款。

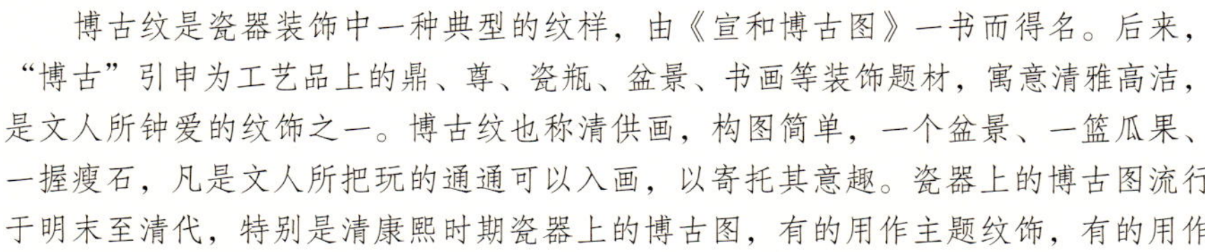

博古纹是瓷器装饰中一种典型的纹样，由《宣和博古图》一书而得名。后来，“博古”引申为工艺品上的鼎、尊、瓷瓶、盆景、书画等装饰题材，寓意清雅高洁，是文人所钟爱的纹饰之一。博古纹也称清供画，构图简单，一个盆景、一篮瓜果、一握瘦石，凡是文人所把玩的通通可以入画，以寄托其意趣。瓷器上的博古图流行于明末至清代，特别是清康熙时期瓷器上的博古图，有的用作主题纹饰，有的用作边饰，还有将博古图塑贴在器物上的，屡见不鲜。

146 青花博古纹盒

Blue-and-white Box with Antiquities

通高 4.3、直径 8.3、足径 5.2 厘米

Height 4.3cm; Diameter at Rim 8.3cm; Diameter at Footing 5.2cm

子母口，盒身为子口，盖为母口。盒口微内敛，弧腹斜收，圈足；盖浅弧腹，平顶。盒身外壁上下各饰一周弦纹，中间绘三组杂宝纹；盖外壁绘四组杂宝纹，顶部中间绘青花双圈博古图。底足署青花双圈款。

147 青花博古纹小盒

Blue-and-white Small Box with Antiquities

通高 3、直径 6.3、足径 4.6 厘米

Height 3cm; Diameter at Rim 6.3cm; Diameter at Footing 4.6cm

子母口，盒身为子口，盖为母口。盒口内敛，弧腹斜收，圈足；盖浅弧腹，平顶。盒身外壁上下各饰一周弦纹，中间绘四组杂宝纹；盖外壁绘四组杂宝纹，顶部中间绘青花双圈博古图。

148 青花花卉纹小盒

Blue-and-white Small Box with Floral Design

通高 3.2、直径 6.6、足径 4 厘米

Height 3.2cm; Diameter at Rim 6.6cm; Diameter at Footing 4cm

子母口，盒身为子口，盖为母口。盒口内敛，弧腹斜收，圈足；盖浅弧腹，平顶。盒身外口沿饰一周十字圈点纹，下绘一周变形莲瓣纹；盖身装饰和盒身相同，盖顶饰一皮球花图案。

149 青花博古纹三足炉
Blue-and-white Tripod Incense Burner with Antiquities

高 12.8、口径 24.6 厘米

Height 12.8cm; Diameter at Rim 24.6cm

平折沿，短直颈，溜肩，鼓腹下弧，三个三角形扁足。颈部绘一周卷云杂宝纹，腹部则绘有四组青花博古图。

150 青花开光博古人物花卉纹觚
Blue-and-white Gu-shaped Vase with Figures, Antiquities and Flowers in Panels

高 26.6、口径 13.5、足径 11.5 厘米

Height 26.6cm; Diameter at Rim 13.5cm; Diameter at Footing 11.5cm

大敞口，深直腹，近底处稍外撇，平底，二层台式足。外口沿饰一周半边梅连枝纹边饰，腹部绘有两个菱花形开光，开光内上下绘有杂宝博古图，中部绘花卉、人物楼阁图，两个开光之间绘有牡丹、荷花等花卉纹饰，腹部近底处饰一周半边梅连枝纹边饰，下接一周变形蕉叶纹和一周弦纹。

青花、釉里红两色同施于一器的装饰方法，是瓷器釉下彩品种之一，始于元代，流行于明初。由于釉里红烧制难度大、成品率低，明中期后便逐渐消失了。直至清康熙年间复烧成功，其呈色较为稳定。青花釉里红和釉里红一样，主要是官窑产品，传世有清康熙十年（1671年）、十一年、十二年“中和堂”款纪年的青花釉里红山水人物诗意图小盘，多见以青花绘亭台楼阁和树枝，以釉里红绘花朵，在青花的素雅之中平添一点妩媚和艳丽。

青花釉里红器除盘、碗外，有各式瓶、笔筒、高足碗、摇铃尊、鸡缸杯等。“碗礁一号”沉船出水的青花釉里红仅见于少量的中盘。

151 青花釉里红山水人物纹盘
Dish Decorated in Underglaze Blue and Red with Figures in a Landscape

高 2.4、口径 15.9、足径 8.4 厘米

Height 2.4cm; Diameter at Rim 15.9cm; Diameter at Footing 8.4cm

平折沿，浅弧腹，平底，矮圈足。内口沿饰一周弦纹，内壁绘山水风景画，局部树梢处点有釉里红彩，青花浓淡相宜，釉里红点缀，可谓是万“绿”丛中一点红；外口沿饰两周弦纹，外壁绘两组竹枝，清新淡雅；底足署青花双圈花押款。

152 青花釉里红山水人物纹盘
Dish Decorated in Underglaze Blue and Red with Figures in a Landscape

高 2.4、口径 15.7、足径 8.2 厘米

Height 2.4cm; Diameter at Rim 15.7cm; Diameter at Footing 8.2cm

平折沿，浅弧腹，平底，矮圈足。内口沿饰一周弦纹，内壁绘山水人物纹，局部树梢处点有釉里红彩；外口沿饰两周弦纹，外壁绘两组竹枝；底足署青花双圈花押款。

153 青花釉里红山水人物纹盘
Dish Decorated in Underglaze Blue and Red with Figures in a Landscape

高 2.4、口径 15.6、足径 8 厘米

Height 2.4cm; Diameter at Rim 15.6cm; Diameter at Footing 8cm

平折沿，浅弧腹，平底，矮圈足。内口沿饰一周弦纹，内壁绘山水人物纹，局部树梢处点有釉里红彩；外口沿饰两周弦纹，外壁绘两组竹枝；底足署青花双圈花押款。

154 外黄釉内青花小碗

Small Bowl with Underglaze Blue Decoration and Café Au Lait Glaze

高 4.6、口径 8.6、足径 4.1 厘米

Height 4.6cm; Diameter at Rim 8.6cm; Diameter at Footing 4.1cm

敞口微撇，斜直腹下弧，圈足。外壁施黄釉，色淡；内口沿饰一周斜线三角纹边饰，内底绘一折枝花；底足署青花双圈花押款。

青花色釉瓷是以青花与单色釉相结合的瓷器。“碗礁一号”沉船出水的青花单色釉瓷器有青花黄釉、青花酱釉、青花青釉瓷器，器形有葫芦瓶、盏。其中，青花青釉瓷器仅见葫芦瓶。

155 外黄釉内青花小碗
Small Bowl with Underglaze Blue Decoration and Café Au Lait Glaze

高 4.6、口径 8.5、足径 3.9 厘米

Height 4.6cm; Diameter at Rim 8.5cm; Diameter at Footing 3.9cm

敞口微撇，斜直腹下弧，圈足。外壁施黄釉，色淡；内口沿饰一周斜线三角纹边饰，内底绘一折枝花；底足署青花双圈花押款。

156 外酱釉内青花小碗
Small Bowl with Underglaze Blue Decoration and Brown Glaze

高 4.2、口径 7.5、足径 3.9 厘米

Height 4.2cm; Diameter at Rim 7.5cm; Diameter at Footing 3.9cm

敞口，斜直腹下弧，平底，圈足。里外满釉，底部露胎。外壁施酱黄釉；内口沿饰斜线三角锦地边饰，内底双圈内绘山水景色图案；底足青花双圈内绘一叶片纹。

157 外酱釉内青花小碗
Small Bowl with Underglaze Blue Decoration and Brown Glaze

高 4.2、口径 7.4、足径 3.9 厘米

Height 4.2cm; Diameter at Rim 7.4cm; Diameter at Footing 3.9cm

敞口，斜直腹下弧，平底，圈足。里外满釉，底部露胎。外壁施酱黄釉；内口沿饰斜线三角锦地边饰，内底双圈内绘山水景色图案；底足青花双圈内绘一叶片纹。

清康熙五彩为康熙彩瓷的代表品种，又有"康熙硬彩"之称，或叫"古彩"。这一时期，用釉上蓝彩代替明代流行的釉下青花，再加上黑彩、金彩，色彩更加丰富，真正做到红、绿、黄、黑、赭、蓝等多种颜色的综合搭配和运用，瓷器画面呈现的色彩效果沉稳、热烈而不浮躁。康熙时期，民窑五彩器形多样，图案花纹丰富多彩，常见器物有碗、盘、罐、壶、瓶、杯、盂、笔筒、果盒、花盆等。

"碗礁一号"沉船出水的五彩瓷由于长期受海水浸泡，五彩大部分脱落严重，颜色发黑或呈灰黑色，仅局部保留原来的色彩，比较鲜艳。器形有罐、杯、盘、深腹杯。

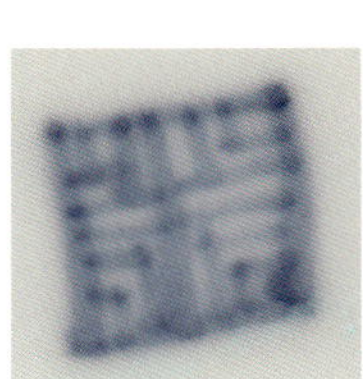

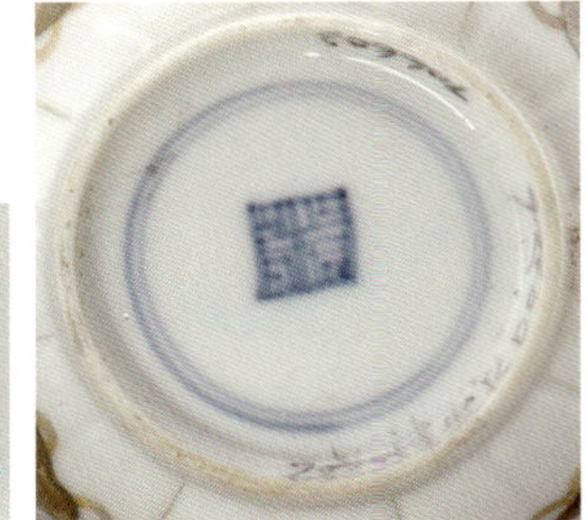

158 五彩缠枝莲纹菱口杯

Enameled Lobed Cup with Lotus Scrolls

高 7、口径 8.2、足径 3.8 厘米

Height 7cm; Diameter at Rim 8.2cm; Diameter at Footing 3.8cm

敞口微撇，口、腹压印成菱花形，斜直腹下弧，矮圈足。外壁上部绘五彩缠枝莲纹，下部呈菊瓣形，绘杂宝莲瓣纹；内口沿饰一周回纹，内底绘有一杂宝纹；底足署青花双圈花押款。

159 五彩折枝花卉纹菱口杯
Enameled Lobed Cup with Floral Sprays

高 7、口径 8、足径 3.6 厘米

Height 7cm; Diameter at Rim 8cm; Diameter at Footing 3.6cm

敞口微撇，口、腹压印成菱花形，斜直腹下弧，矮圈足。外口沿饰一周回纹边饰，外壁上部绘五彩蝴蝶、折枝花卉纹，下部绘仰莲瓣纹；内口沿绘一周回纹边饰，内底绘一折枝花。

160 五彩折枝花卉纹菱口杯
Enameled Lobed Cup with Floral Sprays

高 7、口径 8.2、足径 3.8 厘米

Height 7cm; Diameter at Rim 8.2cm; Diameter at Footing 3.8cm

敞口微撇，口、腹压印成菱花形，斜直腹下弧，矮圈足。外口沿饰一周五彩回纹边饰，外壁腹部绘五彩蝴蝶、折枝花卉纹，下部绘仰莲瓣纹；内口沿饰一周五彩回纹边饰，内底绘一折枝花。

161 五彩锦地开光博古花卉纹盖罐

Enameled Covered Jar with Antiquities and Flowers in Panels on Brocade Design

通高 31 厘米，罐口径 10.7、足径 15.3 厘米，盖高 5.7、直径 12.1 厘米

Total Height 31cm; Diameter at Rim 10.7cm; Diameter at Footing 15.3cm; Lid Height 5.7cm; Lid Diameter 12.1cm

罐口与盖以子母口扣合。罐口微敛，弧肩，鼓腹，腹下部渐收，平底略凹；盖平沿，口微敛，弧壁，平顶。罐口、颈部露胎。罐肩部饰一周菱形锦地开光边饰，开光内绘五彩博古纹饰；腹部通饰龟背锦地纹四开光，开光内分别绘有博古图、花卉图；近底处绘一周卷草纹边饰。盖顶部绘折枝花卉纹，外壁绘一周菱形锦地开光博古纹。

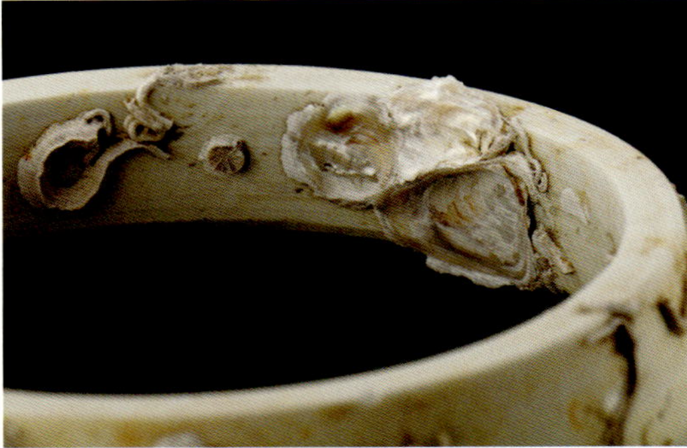

162 五彩开光博古花卉纹罐
Enameled Jar with Antiquities and Flowers in Panels

高 30.5、口径 11、足径 14.5 厘米

Height 30.5cm; Diameter at Rim 11cm; Diameter at Footing 14.5cm

口微敛，弧肩，鼓腹，腹下部渐收，平底略凹。口、颈部露胎。肩部饰一周卷草纹，腹部通饰龟背锦地纹四开光，开光内分别绘有博古图、花卉图，近底处绘一周卷草纹边饰。通体有多处海底黏结物。

163 五彩开光花卉纹盘
Enameled Dish with Floral Design in Panels

高 3.5、口径 21.4、足径 11.3 厘米

Height 3.5cm; Diameter at Rim 21.4cm; Diameter at Footing 11.3cm

撇口，斜弧腹下收，平底，矮圈足。口沿绘一周半朵花边饰，内壁八开光内绘折枝花卉纹，盘心绘折枝花；外壁绘六组折枝花；底足署青花双圈花押款。

164 五彩开光花卉纹盘

Enameled Dish with Floral Design in Panels

高 3.4、口径 21.5、足径 11.3 厘米

Height 3.4cm; Diameter at Rim 21.5cm; Diameter at Footing 11.3cm

撇口，斜弧腹下收，平底，矮圈足。口沿绘一周半朵花边饰，内壁八开光内绘折枝花卉纹，盘心绘折枝花；外壁绘四组折枝花；底足署青花双圈花押款。

165 五彩开光花卉纹盘
Enameled Dish with Floral Design in Panels

高 3.2、口径 21.6、足径 11.5 厘米

Height 3.2cm; Diameter at Rim 21.6cm; Diameter at Footing 11.5cm

撇口，斜弧腹下收，平底，矮圈足。口沿绘一周半朵花边饰，内壁八开光内绘折枝花卉纹，盘心绘折枝花；外壁绘四组折枝花；底足署青花双圈花押款。

166 五彩开光花卉博古纹盘
Enameled Dish with Floral Design and Antiquities in Panels

高 3.5、口径 21、足径 11.6 厘米

Height 3.5cm; Diameter at Rim 21cm; Diameter at Footing 11.6cm

撇口，斜弧腹下收，平底，矮圈足。口沿绘一周半朵花边饰，内壁分饰八莲瓣形开光，开光内分别绘折枝花卉纹、博古纹，盘心双圈内绘折枝花；外壁绘六组折枝花；底足署青花双圈花押款。

167 五彩开光花卉博古纹盘
Enameled Dish with Floral Design and Antiquities in Panels

高 3.3、口径 21.4、足径 11.3 厘米

Height 3.3cm; Diameter at Rim 21.4cm; Diameter at Footing 11.3cm

撇口，斜弧腹下收，平底，矮圈足。内壁分饰八莲瓣形开光，开光内分别绘折枝花卉纹、博古纹，盘心双圈内绘折枝花；外壁绘三组折枝花；底足署青花双圈花押款。

168 五彩开光花卉博古纹盘

Enameled Dish with Floral Design and Antiquities in Panels

高 3.5、口径 21.3、足径 11.6 厘米

Height 3.5cm; Diameter at Rim 21.3cm; Diameter at Footing 11.6cm

撇口，斜弧腹下收，平底，矮圈足。内壁分饰八莲瓣形开光，开光内分别绘折枝花卉纹、博古纹，盘心双圈内绘折枝花；外壁绘三组折枝花；底足署青花双圈花押款。

169 五彩博古纹盘
Enameled Dish with Antiquities

高 2.1、口径 13.7、足径 7.4 厘米

Height 2.1cm; Diameter at Rim 13.7cm; Diameter at Footing 7.4cm

撇口，斜弧腹下收，平底，矮圈足。内口沿饰一周斜线三角边饰，内壁绘有杂宝博古图；外壁绘三组折枝花；底足署青花双圈花押款。

170 五彩博古纹盘
Enameled Dish with Antiquities

高 2.2、口径 13.6、足径 7.8 厘米

Height 2.2cm; Diameter at Rim 13.6cm; Diameter at Footing 7.8cm

撇口，斜弧腹下收，平底，矮圈足。内口沿饰一周点彩纹，内壁绘有杂宝博古图；外壁绘三组折枝花；底足署青花双圈花押款。

171 五彩博古纹盘
Enameled Dish with Antiquities

高 2.1、口径 13.8、足径 7.5 厘米

Height 2.1cm; Diameter at Rim 13.8cm; Diameter at Footing 7.5cm

撇口，斜弧腹下收，平底，矮圈足。内口沿饰一周斜线三角边饰，内壁绘杂宝博古图；外壁绘三组折枝花；底足署青花双圈花押款。五彩颜色丰富，部分彩脱落。

海丝航路千帆竞

MARITIME ROUTES TO THE OVERSEAS COUNTRIES

瓷器，作为中华文明的伟大发明和象征之一，漂洋过海，畅达全球，享誉世界。『景德产佳瓷，产瓷不产手。工匠四方来，器成天下走。』明清时期，景德镇窑产品通过『海上丝绸之路』大量行销海外，对世界物质文化发展做出了突出贡献。

『碗礁一号』沉没于闽江口以南的『海上丝绸之路』传统航线，其所载景德镇瓷器中包含有『巴达维亚瓷』、雏菊纹瓷盘、微缩瓷器、高足盖杯等富有异域元素的外销瓷，从中可以一窥清代『海上丝绸之路』的繁盛气象。

Porcelain, as one of the great inventions and signature products of China, were transported via sea routes to the rest of the world, enjoying world-wide popularity. As described in old verses, fine porcelain was made in Jingdezhen, where craftsmen from different areas gathered for this industry, and once fired and removed out of the kilns, these wares were shipped all around the world. During Ming and Qing dynasties, Jingdezhen porcelain were shipped by sea to the overseas markets in large volumes, constituting an important part in the material culture worldwide.

The Wan Reef Ⅰ wreck sank along the traditional maritime trade route, south to the Min river estuary. Its cargo included wares with distinctive foreign influence, such as Batavia brown porcelain, dishes with daisies, miniature wares and covered stem cups. The cargo from the shipwreck may provide a glimpse into the thriving maritime trade in the Qing dynasty.

172 外酱釉内青花小碗
Small Bowl with Underglaze Blue Decoration and Brown Glaze

高 4.2、口径 7.5、足径 4 厘米

Height 4.2cm; Diameter at Rim 7.5cm; Diameter at Footing 4cm

敞口微撇，斜直腹下弧，圈足。外壁及足满施酱釉，足跟露胎。内口沿饰一周斜线点纹边饰，内底绘双圈山水小景图；底足署青花双圈花押款。

173 外酱釉内青花小碗
Small Bowl with Underglaze Blue Decoration and Brown Glaze

高 4.2、口径 7.5、足径 4 厘米

Height 4.2cm; Diameter at Rim 7.5cm; Diameter at Footing 4cm

敞口微撇，斜直腹下弧，圈足。外壁及足满施酱釉，足跟露胎。内口沿饰一周斜线点纹边饰，内底绘双圈山水小景图；底足署青花双圈花押款。

174 青花酱釉葫芦瓶
Gourd-shaped Vase with Underglaze Blue Decoration and Brown Glaze

高 18.1、口径 2.2、足径 4.3 厘米

Height 18.1cm; Diameter at Rim 2.2cm; Diameter at Footing 4.3cm

小撇口，长直颈，下部为葫芦形，圆鼓腹，矮圈足。口沿施一周酱釉，俗称“酱口”；颈部有一周斜线三角半花边饰，下接一组蕉叶纹；葫芦形部分上为一周覆莲瓣，下饰菱格锦地开光，开光内绘莲花；肩腹部饰一周菱格锦地朵花开光边饰，下接一圈白釉冰裂纹，腹、足部满施酱釉。

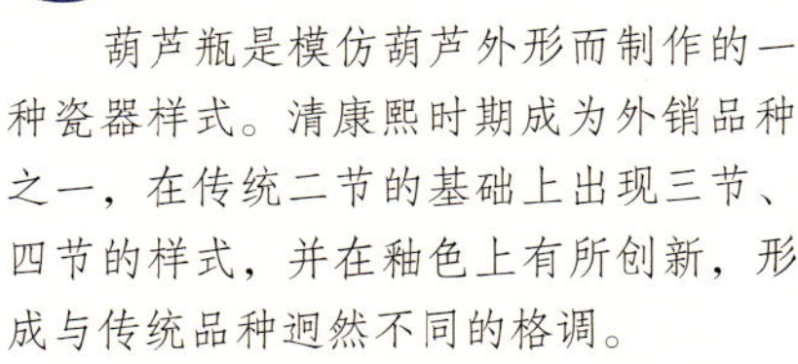

葫芦瓶是模仿葫芦外形而制作的一种瓷器样式。清康熙时期成为外销品种之一，在传统二节的基础上出现三节、四节的样式，并在釉色上有所创新，形成与传统品种迥然不同的格调。

酱色釉在康熙时期的外销瓷中并不罕见，并且在各国都有特定的称呼。青花酱釉葫芦瓶上的酱色釉在荷兰被称为“巴达维亚的棕色”。这种样式的葫芦瓶除在“碗礁一号”沉船上发现外，荷兰国立博物馆、维多利亚及阿尔伯特博物馆都有收藏，可见葫芦瓶在当时的欧洲非常受欢迎。

174

175

175 青花黄釉葫芦瓶

Gourd-shaped Vase with Underglaze Blue Decoration and Café Au Lait Glaze

高 16.5、口径 2.2、足径 4.1 厘米

Height 16.5cm; Diameter at Rim 2.2cm; Diameter at Footing 4.1cm

小撇口，长直颈，下部为葫芦形，圆鼓腹，矮圈足。口沿施一周酱釉，俗称“酱口”；颈部有一周斜线三角半花边饰，下接一组蕉叶纹；葫芦形部分上为一周覆莲瓣，下饰菱格锦地开光，开光内绘莲花；肩腹部饰一周菱格锦地朵花开光边饰，腹、足部满施黄釉。

176 青花青釉葫芦瓶

Gourd-shaped Vase with Underglaze Blue Decoration and Celadon Glaze

高 17.8、口径 2.4、足径 4.1 厘米

Height 17.8cm; Diameter at Rim 2.4cm; Diameter at Footing 4.1cm

小撇口，长直颈，下部为葫芦形，圆鼓腹，矮圈足。口沿施一周酱釉，俗称“酱口”；颈部上有一周斜线三角半花边饰，下接一组蕉叶纹；葫芦形部分上为一周覆莲瓣，下饰菱格锦地开光，开光内绘莲花；肩腹部饰一周菱格锦地朵花开光边饰，下接一圈酱釉，腹、足部满施青釉。

微型瓷器以各式瓶为主，尺寸多数在10厘米左右，器形小巧，纹饰精美，“麻雀虽小，五脏俱全”，是这类微型瓷器的真实写照。学者认为微型瓷器可能是为“娃娃屋”配备的陈设品。17世纪晚期，荷兰的贵妇们追逐着一种时尚，就是用微缩的家具、织品和瓷器来装饰房屋模型。这类“娃娃屋”并不是孩子们的玩具，而是用来向客人和亲友们炫耀的昂贵展示品。

177 青花博古纹小瓶

Blue-and-white Miniature Vase with Antiquities

高7.6、口径2、足径2.1厘米

Height 7.6cm; Diameter at Rim 2cm; Diameter at Footing 2.1cm

撇口，短颈，溜肩，直筒深腹向下略收，二层台足，足跟露胎。颈部绘蕉叶纹，肩部饰一周斜线三角半花边饰，腹部上下各饰一周青花蕉叶，中间绘博古图，腹下部绘一周斜线三角半花边饰，下接一周蕉叶纹。同样的器形，大件器也有，这件小瓶是微型版，高不足8厘米，我们俗称“小品大样”。“碗礁一号”沉船出水瓷器中有一批这样的小瓶。

178 青花花卉纹小瓶
Blue-and-white Miniature Vase with Floral Design

高 8.9、口径 1.5、足径 1.7 厘米

Height 8.9cm; Diameter at Rim 1.5cm; Diameter at Footing 1.7cm

呈葫芦形，小撇口，长直颈三束，圆鼓腹，矮圈足。颈部饰三周双弦纹内上绘蕉叶纹，下为三开光内绘青花地缠枝莲纹；腹部上为一圈蕉叶纹，下绘菱花形三开光，开光内绘青花地缠枝莲纹，开光之间点缀朵花纹；圈足上绘两周弦纹。

179 青花花卉纹小瓶
Blue-and-white Miniature Vase with Floral Design

高 8.8、口径 1.5、足径 2 厘米

Height 8.8cm; Diameter at Rim 1.5cm; Diameter at Footing 2cm

呈葫芦形，小撇口，长直颈三束，圆鼓腹，矮圈足。颈部为三周双弦纹内上绘蕉叶纹，下为三开光内绘青花地缠枝莲纹；腹部上为一圈蕉叶纹，下绘菱花形三开光，开光内绘青花地缠枝莲纹，开光之间点缀朵花纹；圈足上绘两周弦纹。

180 青花花卉纹小瓶
Blue-and-white Miniature Vase with Floral Design

高 6.3、口径 1.7、足径 1.8 厘米

Height 6.3cm; Diameter at Rim 1.7cm; Diameter at Footing 1.8cm

小撇口，长直颈，圆鼓腹，矮圈足。口沿饰一周弦纹，颈部上下各饰一周斜线三角纹边饰，内绘一周蕉叶纹；腹部绘菱花形三开光，开光内绘青花地缠枝莲纹，开光之间点缀朵花纹。

181 青花花卉纹小瓶
Blue-and-white Miniature Vase with Floral Design

高 6.4、口径 1.4、足径 2.1 厘米

Height 6.4cm; Diameter at Rim 1.4cm; Diameter at Footing 2.1cm

撇口，长直颈，胆腹，小圈足。颈部上下各饰一周斜线三角纹边饰，中间饰冰纹地蕉叶纹；腹部为冰纹地三开光，开光内绘青花地缠枝莲纹；圈足上绘一周弦纹。

182 青花花卉纹小瓶
Blue-and-white Miniature Vase with Floral Design

高 5.4、口径 1.4、足径 1.3 厘米

Height 5.4cm; Diameter at Rim 1.4cm; Diameter at Footing 1.3cm

小撇口，长直颈，圆鼓腹，矮圈足。口沿饰一周弦纹，颈部上下各饰一周斜线三角纹边饰，内绘一周蕉叶纹；腹部绘菱花形三开光，开光内绘青花地缠枝莲纹，开光之间点缀朵花纹。

183 青花花卉纹小瓶
Blue-and-white Miniature Vase with Floral Design

高 6.8、口径 1.1、足径 1.5 厘米

Height 6.8cm; Diameter at Rim 1.1cm; Diameter at Footing 1.5cm

呈葫芦形，撇口，长直颈三束，圆鼓腹，矮圈足。口沿饰一周斜线三角纹边饰，下接一周蕉叶纹、一周缠枝莲纹、一周冰裂纹；腹部饰上下对称蕉叶纹；圈足上饰一周弦纹。

184 青花花卉纹小瓶
Blue-and-white Miniature Vase with Floral Design

高 5.5、口径 1.2、足径 1.4 厘米

Height 5.5cm; Diameter at Rim 1.2cm; Diameter at Footing 1.4cm

小撇口，长直颈，圆鼓腹，矮圈足。口沿饰一周弦纹，颈部上下各饰一周斜线三角纹边饰，内绘一周蕉叶纹；腹部绘菱花形三开光，开光内绘青花地缠枝花纹，开光之间点缀朵花纹。

185 青花花卉纹小瓶
Blue-and-white Miniature Vase with Floral Design

高 8.7、口径 1.3、足径 1.7 厘米

Height 8.7cm; Diameter at Rim 1.3cm; Diameter at Footing 1.7cm

小撇口，长直颈二束，胆腹，矮圈足。口沿饰一周斜线三角纹边饰，下依次饰一周蕉叶纹、一周铜钱纹、一周仰覆蕉叶纹和一周斜线三角边饰；腹部上下绘相连的青花地缠枝花云肩纹；圈足上饰一周弦纹。

186 青花花卉纹小瓶
Blue-and-white Miniature Vase with Floral Design

高 8、口径 1.7、足径 1.8 厘米

Height 8cm; Diameter at Rim 1.7cm; Diameter at Footing 1.8cm

呈葫芦形，小撇口，长直颈三束，圆鼓腹，矮圈足。颈部为三周青花双弦纹内上绘蕉叶纹，下为三开光内绘青花地缠枝莲纹；腹部上为一周蕉叶纹，下绘菱花形三开光，开光内绘青花地缠枝莲纹，开光之间点缀朵花纹；圈足上绘两周弦纹。

187 青花人物纹小瓶
Blue-and-white Miniature Vase with Figures

高 6.7、口径 2.6、足径 2.3 厘米

Height 6.7cm; Diameter at Rim 2.6cm; Diameter at Footing 2.3cm

大撇口，长直颈内弧，鼓腹下收，近底处外撇。口沿饰两周弦纹，下接一周蕉叶纹，颈肩部饰一周菱格纹，腹部绘有亭台人物纹，纹饰精美，近底部饰一周斜线三角纹边饰。

188 青花人物纹小瓶
Blue-and-white Miniature Vase with Figures

高 6.9、口径 2.5、足径 2.3 厘米

Height 6.9cm; Diameter at Rim 2.5cm; Diameter at Footing 2.3cm

大撇口，长直颈内弧，鼓腹下收，近底处外撇。口沿饰两周弦纹，下接一周蕉叶纹，颈肩部饰一周菱格纹，腹部绘有亭台人物纹，纹饰精美，近底部饰一周斜线三角纹边饰。

189 青花雏菊纹菱口盘

Blue-and-white Lobed Dish with Daisies

高 4.2、口径 21.1、足径 11.5 厘米

Height 4.2cm; Diameter at Rim 21.1cm; Diameter at Footing 11.5cm

菱口，浅弧腹，平底，矮圈足。内外壁均饰十六开光雏菊纹，盘心为卷叶地五缠枝菊；底足署青花双圈花押款。

雏菊纹，又称“翠菊纹”“太阳花”“幸福之花”，也有学者认为描绘的是地中海沿岸的一种花卉，具有典型的域外文化特征。雏菊纹盘在16世纪后期传入欧洲，并为欧洲人民所喜爱，是明晚期以来著名的外销瓷品种。这类雏菊纹盘在福建半洋礁海域也有出水，中亚部分国家及英国、荷兰的博物馆中也有收藏。

190 青花雏菊纹菱口盘
Blue-and-white Lobed Dish with Daisies

高 4.1、口径 21.2、足径 11.3 厘米

Height 4.1cm; Diameter at Rim 21.2cm; Diameter at Footing 11.3cm

菱口，浅弧腹，平底，矮圈足。内外壁均饰十六开光雏菊纹，盘心为卷叶地五缠枝菊；底足署青花双圈花押款。

191 青花雏菊纹菱口盘
Blue-and-white Lobed Dish with Daisies

高 4.2、口径 21、足径 11.7 厘米

Height 4.2cm; Diameter at Rim 21cm; Diameter at Footing 11.7cm

菱口，浅弧腹，平底，矮圈足。内外壁均饰十六开光雏菊纹，盘心为卷叶地五缠枝菊；底足署青花双圈花押款。

192 青花雏菊纹菱口盘

Blue-and-white Lobed Dish with Daisies

高 3.7、口径 21.6、足径 11.6 厘米

Height 3.7cm; Diameter at Rim 21.6cm; Diameter at Footing 11.6cm

菱口，浅弧腹，平底，矮圈足。内外壁均饰十六开光雏菊纹，盘心绘双犄牡丹图；底足署青花双圈花押款。

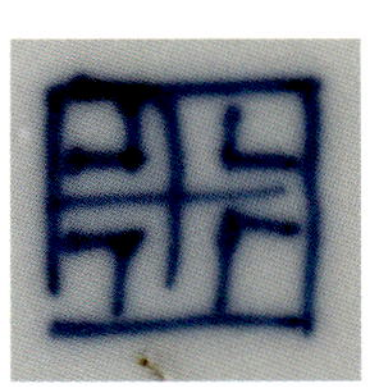

193 青花雏菊纹菱口盘

Blue-and-white Lobed Dish with Daisies

高 3.8、口径 21.6、足径 11.3 厘米

Height 3.8cm; Diameter at Rim 21.6cm; Diameter at Footing 11.3cm

菱口，浅弧腹，平底，矮圈足。内外壁均饰十六开光雏菊纹，盘心绘双犄牡丹图；底足署青花双圈花押款。

194 青花雏菊纹菱口盘（残）
Blue-and-white Lobed Dish with Daisies (Shard)

盘残损严重，附着牡蛎壳。内外壁均绘有青花开光雏菊纹，盘心为卷叶地五缠枝菊纹；底足署青花双圈花押款。

195 青花开光人物纹高足盖杯

Blue-and-white Covered Stem Cup with Figures in Panels

通高 11.8 厘米，杯口径 6.5、足径 4.4 厘米，盖内径 5.8 厘米

Total Height 11.8cm; Diameter at Rim 6.5cm; Diameter at Footing 4.4cm; Lid Inner Diameter 5.8cm

子母口，杯为母口，盖为子口。杯上腹直，下腹内弧，下接喇叭形高圈足，里外满釉，底部露胎。盖弧顶，珠形纽。杯腹部为双开光内绘人物故事纹，开光间绘杂宝纹；高足中间绘两周弦纹，上下各一周圈点纹，下部绘一周筒体蕉叶纹和一周双弦纹。盖外沿饰两周青花弦纹，围绕珠纽绘一周如意云头纹，纽的上部青花地。

高足杯，盛行于元代，它适用于蒙人善骑喜饮的习俗，最初为马上饮酒而制，又称“马上杯”，后来也称靶杯，可以摆放果实。明清时期则作为中华文化的一种传统而被继承、延续下来。“碗礁一号”沉船出水的一批带盖高足杯，均按照欧洲习惯加有盖子，明显地表露出了异国情调，造型小巧隽秀，釉色清新明快，深受海外人民的喜爱。

196 青花开光人物纹高足盖杯

Blue-and-white Covered Stem Cup with Figures in Panels

通高 11.6 厘米，杯口径 6.6、足径 4.8 厘米，盖内径 5.8 厘米

Total Height 11.6cm; Diameter at Rim 6.6cm; Diameter at Footing 4.8cm; Lid Inner Diameter 5.8cm

子母口，杯为母口，盖为子口。杯上腹直，下腹内弧，喇叭状高圈足，二层台式底，里外满釉，底部露胎。盖口微敛，弧顶，小珠纽。杯腹部花形双开光内绘人物故事图案，开光间点缀杂宝纹饰；高足中间绘两周弦纹，上下各一周圈点，下部为一周简体蕉叶纹和一周双弦纹。盖沿绘一周双弦纹，中间为一圈如意云头纹。

197 青花开光人物纹高足盖杯
Blue-and-white Covered Stem Cup with Figures in Panels

通高 12.4 厘米，杯口径 6.6、足径 4.7 厘米，盖内径 5.9 厘米

Total Height 12.4cm; Diameter at Rim 6.6cm; Diameter at Footing 4.7cm; Lid Inner Diameter 5.9cm

子母口，杯为母口，盖为子口。杯上腹直，下腹内弧，喇叭状高圈足，里外满釉，底部露胎。盖口微敛，弧顶，珠纽，盖沿一周酱褐釉，俗称“酱口”。杯腹部双开光内绘人物故事图案，开光间点缀杂宝纹饰；高足中部饰两周弦纹，上下各一周圈点纹，下部为一周简体蕉叶纹饰和一周双弦纹。盖以珠纽为中心，盖面绘青花四如意云头纹饰，近口沿处绘一周弦纹。

198 青花缠枝花卉盖罐
Blue-and-white Covered Jar with Floral Scrolls

高 10.8、口径 9、足径 8.8 厘米

Height 10.8cm; Diameter at Rim 9cm; Diameter at Footing 8.8cm

盖缺失。罐平沿，直口，直腹，平底，矮圈足。口沿及足底露胎，里外满釉。口沿下饰一周青花三角形锦地边饰，外壁绘青花缠枝图，底部饰双圈弦纹。

后记

“碗礁一号”沉船虽然只是我国古代“海上丝绸之路”上的一点帆影，但它的发现对我国水下考古事业却有着重大的影响，主要体现在其出水文物上。“碗礁一号”出水文物数量达 1.7 万余件，可谓是一座巨大的水下瓷库。这些出水瓷器全部来自于景德镇窑，一艘沉船出水瓷器均为同一窑口，这在目前已经发现的沉船当中是仅见的，对清代景德镇外销瓷研究具有至关重要的作用。这批出水瓷器器形种类齐全，纹饰构图多样，为学界研究清康熙朝瓷器提供了丰富的资料。

以上所述的重要性，促使我们在举办展览的同时，产生了将这批文物长期地向广大观众进行展示、为研究者尽可能提供详细资料的想法——这也是我们作为文博人的责任，而展览图录出版，无疑是最好的方式。因此，在中国航海博物馆投入大量的人力、物力、财力，与福州市博物馆合作共同推出“器成走天下‘碗礁一号’沉船出水文物大展”之时，倾力编写了同名展览图录，以期与更多读者一同长久地体验文明交流互鉴之美，感悟海丝精神的永恒魅力。

展览图录从策划到付梓，历时一年之久，由于本图录涉及多门学科内容，其困难程度超乎预期，而工作过程之艰辛，甘苦自知。

在本图录编写过程中，我们得到了杨琮教授、刘义杰教授、张振玉研究员、毛敏博士的大力支持，在百忙之中馈赠大作，四位专家学者分别从福州交通历史、“碗礁一号”沉船船型、海上陶瓷贸易路线、“碗礁一号”大展策展思路与探索等方面深挖沉船背后鲜为人知的航海故事。四位撰稿者——李学茂、毛敏、荣亮、宾娟，从不同专业、不同角度撰写本书相关文字。我们还要感谢文物出版社的大力帮助与支持，使本图录得以顺利出版。

编者

2019 年 5 月

SCUBAPRO
9:05 PM